Heinrich W. J. Thiersch

Luther, Gustav Adolf und Maximilian I

Heinrich W. J. Thiersch

Luther, Gustav Adolf und Maximilian I

ISBN/EAN: 9783743387522

Hergestellt in Europa, USA, Kanada, Australien, Japan

Cover: Foto ©ninafisch / pixelio.de

Manufactured and distributed by brebook publishing software (www.brebook.com)

Heinrich W. J. Thiersch

Luther, Gustav Adolf und Maximilian I

Luther,

Gustav Adolf und Maximilian I.
von Bayern.

Biographische Skizzen.

Von

Heinrich W. J. Thiersch.

Nördlingen
Verlag der C. H. Beck'schen Buchhandlung.
1869.

Vorwort.

Es hat sich in unserer Zeit eine Geschichtschreibung auf=
gethan, deren Grundgedanken, mit einem von Thomas Carlyle
in Gang gebrachten Ausdruck, als Heroen=Cultus, hero-worship,
treffend bezeichnet werden kann. In diesem Sinne ist das Werk
des Amerikaners Emerson, Representative men, geschrieben.
Unsere deutschen Literaten sind nur zu geneigt, diese Richtung
einzuschlagen, denn die pantheistische Philosophie, an der beinahe
unsere ganze Literatur krankt, führt auf dieselbe Bahn, und der
von Strauß vor 30 Jahren empfohlene Cultus des Genius ist
im Grunde nichts anderes, als jene Heldenverehrung. Carlyle
selbst hat zwar, als Biograph Cromwells und Friedrich des
Großen, die ethische Würde der Geschichtschreibung noch so ziem=
lich gewahrt, aber an andern Beispielen hat es sich gezeigt, mit
welchen Verderbnissen uns jenes Streben bedroht. Es mag dahin
kommen, daß man in der Lebensbeschreibung eines gefeierten
Dichters seine Laster als harmlos hinstellt, weil er sie mit einem
poetischen Schimmer zu umgeben gewußt hat. Man läßt sich

verleiten, die Verbrechen, welche ein Fürst oder Staatsmann be=
gangen hat, zu entschuldigen, weil man von Bewunderung für
seine Thatkraft und seinen Scharfblick hingerissen, von Anstaunen
weltgeschichtlicher Erfolge geblendet ist.

Ich gebe mich der Hoffnung hin, daß man in meinen histo=
rischen Versuchen nichts von Anwandlungen dieser Art, sondern
ein entgegengesetztes Bestreben wahrnehmen wird. Ich habe eine
höhere Vorstellung von der Aufgabe des Geschichtschreibers. Es
liegt ihm ob, den höchsten und ewig gültigen Maßstab, den sitt=
lichen, anzulegen, und die Menschen und ihre Thaten nach den
unwandelbaren göttlichen Geboten zu beurtheilen. In Erfüllung
dieser Pflicht darf er sich wie ein unbestechlicher Richter durch
nichts irre machen lassen. Mag das Böse in dem zauberhaften
Gewande der Anmuth auftreten, mag es durch glänzenden Erfolg zu
imponiren suchen, er muß dem allen ein unerschütterliches nil
admirari entgegensetzen.

Eine andere Verirrung, von der ich mich frei zu halten suche,
sehe ich in dem Parteigeist, und zwar in dem politischen sowohl
als in dem confessionellen Parteigeist. Wenn der Geschichtschreiber
es bewußter oder unbewußter Weise darauf anlegt, die Männer,
welche seine Partei gegründet, oder ihr große Dienste geleistet
haben, als fehlerlos hinzustellen, und sich nicht entschließen kann,
solchen, die auf der Gegenseite standen, volle Gerechtigkeit wider=
fahren zu lassen, so wird die Geschichte als Mittel für einen ihr
fremden Zweck mißbraucht, und ihrer eigentlichen Aufgabe ent=
fremdet. Denn was ist diese Aufgabe anders, als treue und
gewissenhafte Erforschung des Geschehenen, concrete Auffassung

des Thatbestandes, kühne Aufdeckung des Fehlerhaften, auch an
denen, die uns durch ihre sonstigen Leistungen theuer sind, billige
Erwägung der Motive, von denen die Gegner einer uns ehr-
würdigen Sache geleitet wurden, und Anerkennung jenes Maßes
von Recht, welches jede der streitenden Parteien für sich hatte!

Es ist also der ethische Gesichtspunkt, der mich bei meinen
Studien und bei den hier vorliegenden Entwürfen geleitet hat.
Für die ethische Geschichtschreibung ist aber die biographische
Form die angemessenste. Es gilt, die Charaktere zu würdigen, und
den Männern, welche als Typen der weltbewegenden Geistesrichtungen dastehen, gleichsam ins Auge und, soweit es der menschlichen Schwachheit möglich ist, ins Herz zu sehen. Auch die
Principienfragen, die in der Geschichte hervortreten, lassen sich
am besten abwägen, wenn man sie in den leitenden Männern
gleichsam personificiert zur Anschauung bringt.

Bei einem solchen Bestreben kann man auf wenig Zustimmung von Seiten derjenigen rechnen, die, wie manche streng con-
fessionelle Theologen, entschlossen sind, nur das gut zu finden,
was ihnen in ihrer einseitigen Parteistellung zur Bestärkung und
Beruhigung dienen kann. Man muß darauf gefaßt sein, nach
beiden Seiten hin allen denen Anstoß zu geben, welche für die
Wahrung ihres beschränkten Standpunktes ängstlich besorgt sind,
und bei einem schwachen Vertrauen zu der Gediegenheit ihrer
Sache, sich gegen die Erweiterung ihres Gesichtskreises sträuben.
Doch hege ich die Zuversicht, daß es in den beiden Heerlagern,
zur Rechten und zur Linken, auch eine große Anzahl von solchen
giebt, die nach der Wirklichkeit fragen und jeden Beitrag zur

Luthers nach den verschiedenen Seiten seiner Thätigkeit zu knüpfen. Dieser Weg schien mir der geeignetste, um Katholiken zu einer unbefangenen Würdigung des Reformators einzuladen, und ihnen dieselbe zu erleichtern. Eine solche Aufgabe ist um so anziehender, da von katholischer Seite die ungünstigen Darstellungen, die vor Zeiten Cochläus, Caspar Ulenberg und andere gegeben haben, in unseren Tagen erneuert worden sind, z. B. in dem von Fehlern wimmelnden, aber doch geistreich geschriebenen Werke von Aubin.

Die Lebensgeschichte Gustav Adolfs und Maximilians bot ein reicheres dramatisches Interesse dar, wie denn jene Zeit des großen deutschen Krieges, aus der Schiller den Stoff zu der erhabensten deutschen Tragödie geschöpft hat, noch manche unbenutzte tragische Motive enthält. Doch war auch hier die Aufgabe nicht so sehr, die Begebenheiten wieder zu erzählen, als vielmehr an den beiden Männern den Charakter und den Werth der von ihnen vertretenen Parteien zu bestimmen.

Wer nicht für die Gelehrten, sondern für den zahlreichen Kreis der Freunde der Geschichte schreibt, wird sich um so mehr verpflichtet fühlen, in der Darstellung mit dem Nützlichen das Angenehme zu verbinden. Es werden jetzt bei dem Druck dieser Vorträge einige Anmerkungen beigefügt, einmal um Rechenschaft über die Hülfsmittel, deren ich mich bediente, abzulegen, dann aber auch um solchen Lesern, die sich etwa zu einer mehr eingehenden Beschäftigung angeregt fühlen, Andeutungen zu geben, an welche Autoren sie sich zu halten haben.

Die Gestalten, die ich zu zeichnen versuche, sind mir nicht

erst von gestern her bekannt. Auch hat sich meine Neigung der Historiographie nicht erst neuerdings zugewendet. Plutarch's Lebensgeschichten waren die Ergötzung meiner jungen Jahre; in meinem reiferen Alter wurde mir Tacitus wie ein vertrauter Lehrer und Freund. Seit beinahe 30 Jahren ist Johannes von Müller mein Führer auf dem Gebiete der Geschichte gewesen, er ist es, dem ich unter den Neueren am meisten verdanke, und als dessen Schüler, wenn ich anders mich so nennen darf, ich betrachtet zu werden wünsche.

Es sind nur Skizzen, die ich hier vorzulegen habe, denn es gebricht mir neben meiner jetzigen Lebensaufgabe für größere wissenschaftliche Aufgaben an Zeit und Kraft. Es sind rasch entworfene und rasch ausgeführte Darstellungen, doch sind darin Ergebnisse meines ganzen bisherigen geistigen Lebens niedergelegt, und für die Grundanschauungen stehe ich ein. Das Bewußtsein der Unvollkommenheiten in der Ausführung hätte mich von der Veröffentlichung zurückgehalten, wenn nicht Historiker von Rang, und zwar auf katholischer und protestantischer Seite, mir durch aufmunternden Zuspruch Muth gemacht hätten, hervorzutreten.

München, den 28. October 1868.

Der Verfasser.

Luther.

.

Versuchen wir es, einen Beitrag zur richtigen Würdigung Luthers zu geben, so wird es wohl am zweckmäßigsten sein, zuerst seine Entwickelungsgeschichte bis zu seinem Auftreten als Reformator einfach zu erzählen, dann die gefahrvolle Lage, in welcher sich damals die Kirche und das Reich befand, zu schildern, endlich Luthers Charakteristik folgen zu lassen, wie er sich seit dem Ausbruch des Kampfes, als Reformator, als deutscher Patriot, als volksthümlicher Schriftsteller gezeigt hat; wie sein häusliches und sein inneres Leben gestaltet war.

„Ich bin eines Bauern Sohn; mein Vater, Großvater, Ahn sind rechte Bauern gewesen; darauf ist mein Vater gen Mansfeld gezogen, und ein Berghauer worden; daher bin ich;" so lauten Luthers eigne Worte in den Tischreden. Seine Vorfahren saßen in Möhra, einem Dorfe unweit von Eisenach und Salzungen, am südwestlichen Abhang des Thüringer Waldes. Die Kapelle des Dorfes soll von Bonifacius, dem Apostel der Deutschen, gestiftet worden sein. Die thüringischen und hessischen Bauern sind ein urkräftiges Geschlecht, das keinem andern in deutschen Landen nachsteht. Ihre rauhe Natur und abgehärtete Lebensweise erinnert an die griechische Sage, die Menschen seien aus Steinen entstanden, welche Deukalion und Pyrrha in den öden Erdkreis warfen:

Inde homines nati, durum genus.

Nur aus einem solchen Stamm konnte ein Charakter wie Martin Luther hervorgehen. Der Name Luther oder Lothar ist deutsch, er findet sich schon im 3. Jahrhundert v. Christus bei dem Heerführer eines deutschen Stammes, der Tektosagen.

1 *

Ernst Moritz Arndt hat die Vermuthung ausgesprochen, Luther sei von Herkunft ein Slave gewesen, und slavische Schriftsteller haben sich diese Ansicht mit Vergnügen angeeignet, um auch ihn, wie seinen großen Vorgänger Huß zu den Ihrigen rechnen zu können. Sie fanden in Luthers breiten Backenknochen eine Bestätigung. Aber die Geschichte spricht dagegen. Wohl drangen zeitenweise Slaven und Sorben in Thüringen ein, aber sie wurden mit Gewalt zurückgetrieben.

Luthers Ahnen saßen, wie es scheint seit unvordenklicher Zeit, als Gemeinfreie auf ihrem Bauerngute, welches ungetheilt vererbt wurde. Hans Luther war der zweite Sohn und erbte die Hufe nicht. Es scheint, daß es die Dürftigkeit war, die ihn zur Auswanderung ins Mansfeldische bewog. Noch jetzt leben Nachkommen von Hans Luthers älterem Bruder in Möhra, mit erkennbarer Familienähnlichkeit. Hans Luthers Gattin Margareta war eine geborene Lindemann, eine Bürgerstochter aus Eisenach; ihre Brüder waren Männer, die studiert hatten. Man vermuthet, daß Martin Luther die Namen seiner Aeltern im Sinne hatte, und dem Andenken der Nachwelt überliefern wollte, als er in seinem Trauungsbüchlein die Fragen so stellte: „Hans, wiltu Greten zum ehelichen Gemahl haben? Grete, wiltu Hansen zum ehelichen Gemahl haben [1])?"

In Eisleben wurde Martin am 10. Nov. 1483 geboren. Noch steht das Haus, in welchem er das Licht der Welt erblickte. Sechs Monate später ließen sich die Aeltern in dem Städtchen Mansfeld, am südlichen Abhang des Harzes nieder.

Dort wuchs Martin als Knabe heran, weshalb er sich auch zu den Härzlingen rechnete. Noch war die Dürftigkeit so groß, daß Frau Lutherin selber das Holz auf dem Rücken herbeitrug, und auf Martins Jugendzeit lastete der Druck bitterer Armuth. Allmälig arbeitete sich der Vater durch seiner Hände Arbeit, als

Schieferhauer, empor. Er erwarb ein Haus, Gruben und zwei Schmelzöfen; er trat in den Bürgerstand ein, und wurde zuletzt ein Rathsherr des Städtchens; er hinterließ ein Vermögen von 1000 Thlr. So kam es, daß Luthers Erinnerungen und Sympathien sich mehr an den Bürger= als an den Bauernstand anschlossen. Die Mansfelder waren, wie die deutschen Bürger überhaupt, im Gebrauche der Waffen geübt, der Selbstvertheidigung gewohnt, voll Gemeinsinn und Männlichkeit. In der Familie herrschte altdeutsche Einfalt und Gottesfurcht. Vater Hans war kein besonderer Verehrer der Geistlichen und Mönche, und Martin hörte zuweilen seltsame Sprüchwörter: „Wer will haben rein sein Haus, der behalt Pfaffen und Mönche drauß." „Wer nichts thun, und doch einen guten Tag haben will, der werde ein Priester." „Unter dem Mönchskleid ruht ein schlimmes Herz." Doch that dieß dem Glauben und dem kirchlichen Sinn keinen Eintrag. Wohl wußte man zwischen dem Christenthum und den Mißbräuchen zu unterscheiden. Luthers Sinn für häusliches Glück und für deutsches Familienleben wurzelte ohne Zweifel in Erinnerungen an sein älterliches Haus. Die Sitten jenes Geschlechtes trugen noch den Charakter des Mittelalters; die rauhe Kraft war vorwaltend. Luthers Kindheit fällt in die Zeiten des Faustrechts; 1491 stellte Kaiser Max I. den Landfrieden fest. Eine solche Zeit brachte, im Gegensatz zur Humanität und Weichheit unserer Tage, starke, eigenthümliche, schroffe und eckige Charaktere hervor. Luther selbst sagt von seinen Deutschen, sie seien ein wild Volk, schwer zu etwas zu bringen, es bringe denn die äußerste Noth dazu.

Jener mittelalterliche Charakter zeigte sich auch als übertriebene Strenge in der Erziehung. Hans Luther züchtigte den kleinen Martin so scharf, daß dieser dem Vater eine Zeit lang feind wurde. Mutter Grete stäupte ihn einmal blutig wegen einer gestohlenen Nuß. Auch Luther verlangt Strenge gegen die Jugend, aber ermahnt zugleich zur Milde, damit die Kinder nicht verschüchtert werden. Neben der Ruthe, sagt er, muß der Apfel sein. Noch ärger war es mit dieser Härte in der Trivialschule, die der Knabe zu Mansfeld besuchte. Die Namen seiner dortigen Lehrer sind verschollen, aber sie gehörten zu den „ungeschickten Schulmeistern", wie Luther selbst sie schildert, „welche oft seine Ingenia mit ihrem Poltern, Stürmen, Streichen und Schlagen verderben, mit Kindern nicht anders umgehen, denn wie der Stockmeister mit den Dieben." „Die Schulen," sagt er, „waren vor dieser Zeit rechte Kerker und Höllen, da wurden die armen Kinder ohne Maaß und ohne alles Aufhören gestäupet, lerneten mit großer Arbeit und unmäßigem Fleiß, doch mit wenigem Nutzen." Da waren Lehrer, die ihre Lust daran hatten, die Kinder zu bläuen. „Wir sind gemartert worden über den Casualibus und Temporalibus, da wir doch eitel nichts gelernt haben durch so viel Stäupen, Zittern, Angst und Jammer." Die Lehrbücher und Methoden waren zu jener Zeit höchst ungeschickt. So konnte es geschehen, daß Martin in der Schule an einem Vormittag 15mal „wacker gestrichen" wurde; und man ist nicht berechtigt daraus zu schließen, daß er ein bösartiger oder besonders trotziger Bube gewesen.

Der Philosoph Herbart hat gesagt: „Das Gewissen ist das Bild des Vaters in der Seele des Kindes." Wiewohl hiemit keine erschöpfende Definition gegeben ist, liegt doch eine Wahrheit darin. Die Eindrücke, welche ein Kind durch die Behandlung von Seiten seiner Aeltern und Lehrer empfängt, wirken mit bei der Entwickelung der Vorstellungen des Kindes von Gott. Deßhalb waren jene schweren Erlebnisse in Luthers Kindheit nicht ohne tiefe Einwirkung auf seinen Seelenzustand. Sein Gewissen war seit den frühesten Jahren wach; er wollte fromm werden, aber das Harte, das er erlebte, rief eine ängstliche Gemüthsstim=

mung hervor und beförderte eine knechtische Angst vor Gott. Er hat selbst gesagt, daß er durch jene allzustrenge Behandlung in die Richtung kam, welche ihn später ins Kloster geführt hat. Die ungemeine Willenskraft, womit er von Natur begabt war, kehrte er gegen sich selbst und behandelte sich mit ähnlicher Strenge.

Niemand weiß, wann und von wem Martin zum ersten Empfang der Communion vorbereitet und gefirmt worden ist. Unter mehreren Söhnen wurde er allein vom Vater zum Studieren bestimmt. Er kam deßhalb 1497, dreizehn Jahre alt, nach Magdeburg zu den Franciskanern oder Nollbrüdern in die Schule. Ob er in der Stadt untergebracht wurde oder im Kloster, ist nicht ersichtlich. Die Erziehung war, wie er selbst sie beschreibt, mön= chisch, „da man die Kinder wie die Vögel im Vogelbauer hält und ihnen keine Ergötzung gönnet." Da seine Eltern noch in Dürftigkeit lebten, wurde er sehr übel gehalten. Einmal lag er fieberkrank ohne Pflege; während die Leute in der Kirche waren, kroch er in die Küche und labte sich an einem Trunk Wasser. In jener Zeit machte es tiefen Eindruck auf ihn, als er einen Fürsten von Anhalt sah, der Mönch geworden war. „Der ging in der Barfußen Kappe auf der breiten Straßen um, nach Brod und trug den Sack wie ein Esel, daß er sich zur Erden krummen mußte und sein Gesell Bruder ging neben ihm ledig; und hatte sich also zu= fastet, zuwacht, zukasteiet, daß er sahe wie ein Todtenbilde, eitel Bein und Haut, starb auch balde." Der Knabe betrachtete diesen Asceten mit einem aus Bewunderung, Mitleid und Grauen ge= mischten Gefühl. Die Predigten in jener Zeit bestanden öfters aus schauerlichen Abmalungen der Hölle. Auch durch den viel= gestaltigen Aberglauben jener Zeit empfing der Knabe düstere Eindrücke. Die altheidnischen Vorstellungen waren im deutschen Volke nicht erloschen; sie bildeten einen phantastischen Hinter= grund des Lebens. Die Götterwesen der alten Sage waren nicht

ganz todt; sie existirten fort als böse Geister, wofür sie durch die
christlichen Lehrer erklärt worden waren. Frau Margareta
Lutherin wurde von einer Zauberin geplagt. Diese Hexe brachte
den frommen Pfarrherrn ums Leben, indem sie Erde, auf der er
gestanden war, ins Wasser warf. Martins Mutter suchte die
böse Nachbarin durch Geschenke freundlich zu stimmen. Die
Kobolde im Bergwerk und in der Küche, die Poltergeister und
Gespenster im Hause, der Nix, der in Höhlen unter dem Wasser
wohnt und Frauen und Jungfrauen raubt, galten für Wirklich-
keiten. Unglückliche Cretinen, Kielkröpfe oder Wechselbälge wurden für Ungethüme gehalten, welche der Nix erzeugt und anstatt
gestohlener Kinder in die Wiege gelegt hat. In den Tischreden
Luthers findet man noch ganz ähnliche Anschauungen wie in dem
Wundergespräch, dem dialogus miraculorum, des Mönchs Cäsa-
rius von Heisterbach, der 300 Jahre früher gelebt hat. Luther
bekämpfte jene mythischen Vorstellungen nicht; sie schienen ihm
in das Wesen des Christenthums nicht störend einzugreifen. Eine
entsetzliche Frucht dieses Aberglaubens war der damals längst
ausgebildete Hexenprozeß, der bekanntlich später von Lutheranern
wie von Katholiken schrecklich ausgeübt wurde; aber Luther hat
sich von diesen Greuelthaten völlig freigehalten, er hat keine Hexen
gebrannt, was sowohl seiner christlichen Gesinnung als seiner
Vernunft zur Ehre gereicht. Auch eifert er gegen die Wärterinnen,
welche die Kinder mit abergläubigen Vorstellungen schrecken. Er
hatte selbst von dieser Seite her einen geistigen Alpdruck erfahren.

Martin wurde von Magdeburg bald wieder weggenommen
und nach Eisenach gebracht. Es scheint, daß man für den armen
Knaben auf Unterstützung von den mütterlichen Verwandten
rechnete. Aber sie fiel schwach aus. Hier war es, wo Martin
Parteken sammelte, d. h. er sang mit andern Schülern geistliche
Lieder vor den Thüren der Bürger und empfing Almosen dafür.

Dieser Gebrauch hat sich in den Städten Thüringens erhalten; dort ziehen noch jetzt die Currentschüler durch die Straßen. Indessen kam für Martin in Eisenach eine bessere Zeit. In der Schule hatte er einen vortrefflichen Lehrer Trebonius. Wenn dieser in die Classe trat, nahm er vor den Schülern den Hut ab und sagte zu den Schulgehülfen: „Es sitzen hier Knaben, aus welchen Gott Bürgermeister, Kanzler und Doktores macht" — fürwahr, ein Zeichen humaner und edler Auffassung des Lehrerberufs. Dort wurden ihm große Wohlthaten durch Frau Cotta zu Theil, welche den armen Knaben um seines andächtigen Singens und Betens willen zu sich an den Tisch nahm. Er hatte wahrscheinlich zu Hause schon die Musik geübt, denn die Bergleute, bei denen er aufwuchs, sind ein musikkundiges und gesangreiches Völkchen. In Norddeutschland ziehen noch heute die Bergmänner aus dem Harz, wenn sie Ferien haben, mit ihren Blechinstrumenten umher. Luther hatte eine Tenorstimme (wodurch er als Prediger weithin hörbar war). Frau Cotta ließ ihn die Flöte lernen; er spielte auch die Laute und in der Schule eignete er sich die Anfangsgründe des Tonsatzes an. Er hatte schöne Anlagen für die Musik. Die Melodie zu seinem Liede: „Ein feste Burg ist unser Gott" ist wirklich von ihm. Dichtung und Composition dieses Liedes ist aus einem Guß. Die Musika war ihm nach der Theologie die edelste Gottesgabe, die mächtigste Trösterin bekümmerter Seelen, vor der der Teufel selbst, der finstere Geist, fliehen muß. Luther pries seine großen Gegner, die Herzoge in Bayern, weil sie die Musika so hoch in Ehren hielten.

An Eisenach, wo er zum Jüngling heranreifte, knüpften sich seine erfreulichsten Jugenderinnerungen. Im Hause der Frau Cotta lernte er das deutsche Bürgerthum von seiner schönsten Seite kennen. Da wurde in ihm die Achtung für weibliche Würde und der Sinn für Gastfreundschaft befestigt. Seine Kindheit und

Jugendzeit waren im Ganzen genommen weit mehr düster als
heiter zu nennen. Doch in jenen trüben Zeiten leuchteten ihm
wie helle Sterne die erhabenen Gesänge und die feierlichen Hand=
lungen der Kirche; die Gestalten der Heiligen, die geistlichen
Schauspiele, die Weihnachtsverkleidungen beschäftigten seine
Phantasie. So wurde schon früh der Sinn für christliche Kunst,
der ihn nie verlassen hat, geweckt.

Das rauhe Dasein des Mittelalters hatte einen reichen
Schmuck von Volksliedern und poetischen Ueberlieferungen.
Luther hatte ein Interesse für das Alles. Er gedachte an die
Sagen von Dietrich von Bern und von Markulfus. Er sammelte
Meistergesänge und ergötzte sich an Reineke Fuchs; besonders war
ihm das Andenken seiner Landesmutter, die auf der Wartburg
gelebt hatte, der heiligen Elisabeth von Thüringen theuer. Er
freute sich, einen Krystallbecher zu besitzen, der aus ihrem Nachlaß
stammen sollte, und bei feierlichen Gelegenheiten ließ er diesen
Becher kreisen.

Im Jahre 1501 verließ er Eisenach, seine „liebe Stadt"
und begab sich nach Erfurt auf die Universität, von seinem Vater,
dessen Lage sich gebessert hatte, unterstützt und zum Juristen be=
stimmt. Erfurt war damals doppelt so stark bevölkert als jetzt.
Die Hochschule, 1378 gestiftet, stand in solchem Ansehen, daß
andere Universitäten dagegen wie Schützenschulen galten. Als
durch die hussitische Bewegung die Deutschen aus Prag getrieben
wurden, zogen sie nach Leipzig und nach Erfurt, welches bald für
ein zweites Prag galt. Noch steht das enge schwärzliche, jetzt
verödete Universitätsgebäude. Hier studierte Martin zuerst zwei
Jahre lateinische Autoren und aristotelische Philosophie. Griechisch,
Hebräisch und Geschichte wurde nicht gelehrt. Er erfreute sich an
Virgil und Aesop, auch an Livius, Terentius und Plautus. Er
sagt von Cicero's Werk de officiis: nach keiner andern Schrift

könne die Jugend besser zu einem ehrbaren Wandel angeleitet werden. Die Philosophie studierte er nach Thomas, Scotus, Occam, Petrus ab Alliaco, Johannes Gerson und Gabriel Bel. Nach zwei Jahren wurde er magister artium mit dem Rechte, über die Philosophie zu lesen und er hat in der That eine kurze Zeit über aristotelische Ethik und Physik Vorträge gehalten. Die Magisterpromotionen wurden damals mit hoher Feierlichkeit unter Vorantragung von Fackeln begangen. „Ich halte," sagt Luther, „daß keine zeitliche weltliche Freude dergleichen gewesen sei. Also hielt man auch ein groß Gepränge und Wesen, wenn man Doctores machte. Da ritte man in der Stadt umher, dazu man sich sonderlich kleidete und schmückte, welches alles dahin ist und gefallen, aber ich wollte, daß man's noch hielte."

Luthers Universitätsleben war nicht ohne jugendliche Frische und Munterkeit. Er war fröhlich im Kreise der Freunde, er nahm Theil an der Saujagd; er schätzte das edle Ritterspiel und sah darin eine Bewahrung vor bösen Sitten. Von den gewöhnlichen Verderbnissen des Universitätslebens blieb er frei, und auch seine erbitterten Gegner wissen ihm nichts Unrechtes aus jener Zeit nachzusagen.

Seine Stimmung war nicht ausgelassen und nicht überströmend von Kraft; die Schüchternheit und der religiöse Ernst war auch damals bei ihm vorwaltend. Dieser Ernst wurde durch die Lehrer begünstigt, denn die Universität war so streng kirchlich wie möglich. Die meisten Professoren waren Geistliche und Mönche. Der Cardinal Raimundus besuchte Erfurt 1502 und verkündigte den Ablaß. Wohl waren bereits einzelne Humanisten, geistreiche Profanphilologen und Poeten, wie Crotus Rubianus aufgetreten, aber der junge Luther gehörte nicht zu ihrer Partei. Er stand mit allem seinem Denken und Streben vielmehr auf der scholastischen und priesterlichen Seite. Seine Lehrer waren

Usingen und Trutvetter, dieselben, die später als eifrige Vertreter des Alten gegen ihn schrieben.

Nun erwartete Hans Luther, sein Sohn würde sich zur Jurisprudenz wenden und einst als Bürgermeister oder als fürst= licher Rath eine glänzende Stelle einnehmen; auch hatte sich Martin bereits das damals sehr kostspielige Corpus juris civilis angeschafft, als er plötzlich seine Laufbahn abbrach und ins Kloster ging. Was ihn dazu bestimmte, war die Sehnsucht fromm zu werden, welche ihn von Kindheit an begleitet hat, und das Vor= urtheil jener Zeit, es sei der Stand der Juristen, es sei der welt= liche Stand überhaupt nicht Gott gefällig. Den Eintritt ins Kloster nannte man die Bekehrung. Zwei Ereignisse haben be= kanntlich diesen Entschluß zur Reife gebracht. Wie einst der edle 18jährige Jüngling Heinrich Suso durch den Tod seiner Mutter so erschüttert wurde, daß er ins Kloster ging, so hatte es eine ähnliche Wirkung auf Luther, als sein Freund Alexius in einem Zweikampf erstochen wurde. Luther, selbst in schwermüthiger Stimmung, wurde in der Nähe von Stutternheim von einem Gewitter überfallen; er war in Lebensgefahr und indem er sich unbereitet fühlte, zu sterben und vor seinem Richter zu stehen, that er der heiligen Anna das Gelübde, Mönch zu werden. Er wählte den Orden der Augustiner Eremiten. Noch einmal, ehe er der Welt abstarb, versammelte er seine Freunde zu einem Ab= schiedsmahl mit Lautenspiel und Gesang. Da sagte er ihnen: „Heute seht ihr mich; hinfort nicht mehr." Sie begleiteten ihn mit Thränen bis an die Klosterpforte. Er nahm seinen Virgil und Plautus ins Kloster mit; seine weltliche Kleidung und seinen Magisterring schickte er seinen Aeltern. Er that diesen Schritt ohne Wissen seines Vaters; dieser zürnte heftig darüber und war zwei Jahre lang unversöhnlich. Es war eine Uebereilung von Martins Seite, doch war das Unrecht mehr auf Seiten der Geist=

lichen, die ihn ohne Rücksicht auf den Willen der Eltern auf=
nahmen. Noch steht das Kloster, bekanntlich unter König Fried=
rich Wilhelm IV. von Preußen restaurirt, und die Zelle, welche
Luther bewohnte, wird gezeigt.

Die Augustiner Eremiten waren ein neuer und würdiger
Orden und man durfte erwarten, bei ihnen mehr Tugend und
Gelehrsamkeit als bei manchen andern zu finden. Eigentliche
Eremiten waren sie nicht. Im Jahre 1505 erschienen ihre neuen
Statuten, nicht strenger als andere Mönchsregeln, aber auch
nicht gelinder. Sie gewährten für wissenschaftliche Ausbildung
nur beschränkten Raum und enthielten, wie alle Mönchsregeln,
manches Kleinliche, z. B. für unbedeutende Vergehen die Strafe
des auf der Erde Sitzens.

Bei der Einkleidung war der Convent in der Kirche ver=
sammelt. Der Prior stellte dem Novizen die schwere Bürde vor,
die er übernehmen soll: schlechte Kost und Kleidung, Wachen und
Fasten, die Schmach der Armuth, die Oede des Klosters. Der
Novize versprach, das Alles zu tragen. Der Prior nahm ihn auf,
der ganze Convent rief das Amen und stimmte den Hymnus:
„Magne pater Augustine" an, während die Abscherung des
Haupthaares und die Einkleidung geschah. So versprach Martin
Luther „Gott und der seligsten Jungfrau Maria und den Vor=
stehern des Ordens Gehorsam, Armuth und Keuschheit nach der
Regel des heiligen Augustinus bis in den Tod." An demselben
Morgen kamen noch einmal seine Freunde vor die Klosterpforte,
aber er ließ sich nicht vor ihnen sehen.

Mit der Ablegung des Gelübdes hat Martin zugleich den
Entschluß gefaßt, Theologie zu studieren und Priester zu werden.
Aber sein Probejahr war dem Studium nicht günstig. Man schlug
alle Schuhe über einen Leisten, und die Fratres, zum Theil unge=
bildete Leute, waren dem jungen Gelehrten nicht hold. „Sie

waren mir gram," sagt er, „daß ich studierte; sagten: Sie mihi, sie tibi, saccum per nackum." Er mußte die Thür hüten, die Kirche auskehren, das heimliche Gemach ausräumen, mit dem Bettelsack durch die Stadt und auf das Dorf gehen und Käse von den Bauern einsammeln, so zwar, daß sich die Universität für ihren Magister verwendete.

Luther selbst beschwerte sich hierüber nicht. Er übernahm das Alles ganz willig und verlangte, noch mehr zu leisten als ihm auferlegt war. Er wollte in den Himmel stürmen. Er wurde ein Verfolger und Todtschläger seines eigenen Leibes. Wenn man nur die eine Kasteiung, den Frost rechnete, so wäre sie im Stande gewesen, einen jungen Mann von weniger kräftiger Constitution umzubringen. Das harte Leben seiner Jugend befähigte ihn zu außerordentlichen Leistungen im Hunger. Mit Fug und Recht, aber ohne Erfolg, sprachen seine Vorgesetzten gegen seine „Singularität". Er beichtete täglich; wenn er im Laufe der Woche wegen des Studiums horas versäumt hatte, holte er diese am Samstag nach. Er hatte sich 21 Heilige erwählt, von denen er an jedem Wochentag dreien besondere Andacht widmete.

Er fand bei dem allen keine Ruhe des Herzens; nicht in der Beichte, weil er hörte, die Absolution gelte nur bei einem vollkommen abgelegten Bekenntniß und er mußte klagen: „Wer kann merken, wie oft er fehle!" Nicht im Gebet, weil er vernommen hatte, damit es Erhörung finde, müsse erst vollkommene Reinheit da sein. Nicht im Lesen der heiligen Schrift, denn er fühlte sich nur von den warnenden und drohenden Sprüchen getroffen, und er litt an quälenten Gedanken über die ewige und unwandelbare Vorherbestimmung. Auch das theologische Studium führte ihn nicht zum inneren Frieden, denn eben in den großen Scholastikern fand er die Vorstellungen, die ihn unruhig machten, bestätigt. Die Prediger in Erfurt halfen ihm nicht, denn ihre Vorträge waren meistentheils ganz unerquicklich. Ein Mönch hielt eine Passionspredigt und brachte darin zwei Stunden mit der Untersuchung zu, ob und wie die Quantität von der Substanz verschieden sei?

Es waren keine besonderen Missethaten, welche Luthers Gemüth bedrückten. Nur der größte Unverstand konnte eine solche Ursache jener Seelenleiden voraussetzen. Doctor Paulus in Heidelberg hat die absurde Vermuthung ausgesprochen, Luther müsse seinen Freund Alexius selbst im Duell erstochen haben. Der wahre und einzige Grund seiner Unruhe lag darin, daß er nach vollkommener Reinheit des Herzens rang und sich dabei von bösen Gedanken bestürmt fand. Während er betete und kämpfte, überfielen ihn Anwandlungen von Zorn, Haß, Murren und Verzweiflung. Er fühlte die tiefe Gottentfremdung des menschlichen Herzens, die nur wenige Menschen fest ins Auge zu fassen wagen.

Der Mann, welcher ihn während dieser schweren Zeit aufrecht erhielt, war Johann von Staupitz aus Meißen. Er war von Charakter ein ächter Edelmann, der sich durch geistige Vorzüge auszuzeichnen suchte, damals Generalvikar des Augustiner Eremiten-Ordens in Deutschland. Auch er hatte in der scholastischen Theologie keine rechte Geistesnahrung gefunden, und sich der mystischen Theologie zugewendet, welche nicht durch Thätigkeit des Verstandes, sondern durch Empfindung der göttlichen Liebe im Herzen und in tiefer Gelassenheit und Selbstvernichtung Gott zu erkennen sucht. Selbst Staupitz verstand anfangs Luther, der ihm beichtete, nicht recht, doch fand er sich nach und nach in der Lage des jungen Mannes zurecht, und wußte ihn zu trösten, indem er dieses Seelenleiden als etwas Heilsames erkannte, als eine Bewahrung vor Stolz, als eine Vorbereitung für künftiges Wirken.

Luther befand sich noch in diesem angstvollen Gemüthszustande, als er im Frühjahr 1507 die Priesterweihe empfing. Noch

steht die Kirche und der Altar, vor welchem diese heilige Hand=
lung geschah. Auf dem Fußboden vor den Stufen des Altars
liegt der Grabstein des Erfurter Theologen Zachariä, welcher im
Jahre 1414 auf der Kirchenversammlung zu Constanz den Jo=
hannes Huß verurtheilen half; an dieser Stelle wurde der neue
Huß ordinirt, durch den Weihbischof Johann von Laßphe, den
Coadjutor des Erzbischofs von Mainz. Luther war damals selbst
noch ein Eiferer gegen jede Abweichung vom Papstthum; er hätte
selbst mit Hand angelegt, um vermeintliche Ketzer zu verbrennen.

Am Sonntag Cantate, den 2. Mai 1507, sollte Martinus
seine Primiz feiern. Sein Vater, der noch immer zürnte, war
eingeladen; er kam mit 20 Berittenen — wahrscheinlich Bürger
aus der Verwandtschaft. Der Weihbischof und viele hohe geist=
liche Herren waren zugegen. Während der Feier erlag Martinus
beinahe dem Gefühle seiner Unwürdigkeit; man mußte ihn zurück=
halten, sonst hätte er sich mitten in der heiligen Handlung vom
Altar entfernt. Der Gottesdienst war vorüber. Ein Gastmahl
folgte und bei dieser Gelegenheit wagte Martin mit dem gestren=
gen Vater zu reden. „Warum habt Ihr Euch so hart dawider
gesetzt und sehet es vielleicht auch jetzt nicht allzugerne? Ist's doch
ein so fein geruhsam göttlich Wesen!" Gott habe ihn durch eine
Erscheinung vom Himmel zum Klosterleben berufen. Die hohen
Geistlichen verwunderten sich über die Unzufriedenheit des Vaters.
Der Alte erwiderte: „Ihr Herren, habt Ihr nicht gelesen in der
Schrift, daß man Vater und Mutter ehren soll?" Und von
jenem himmlischen Rufe sagte er: „Gott gebe, daß es nur nicht
ein Betrug und teuflisch Gespenst sei!" — lauter Worte, welche
Martin bestürzt machten und in neue Unruhe versetzten.

Indessen kam er am Schlusse seines Erfurter Aufenthaltes
unter der Leitung von Staupitz doch zu größerer innerer Zuver=
sicht. Er studierte Augustins Schriften gegen Pelagius und die

Pelagianer. Besonders die letzten Schriften Augustins gegen die Lehrer von Massilia (die sogenannten Semipelagianer) waren ihm tröstlich; sie gaben ihm zugleich die Richtung auf den religiösen Determinismus, auf die Verneinung der menschlichen Freiheit und die Lehre einer unbedingten Abhängigkeit von Gott. Augustin lehrt die guten Werke des Christen ansehen nicht als des Menschen, sondern als Gottes eigene Werke — Deus suum opus coronat in fidelibus. Im unablässigen Studium der heiligen Schrift kam Luther schon damals zu einem tieferen Verständniß des Apostels Paulus. Früher war es ihm schrecklich, daß laut dem Briefe an die Römer (I. 17) auch im Evangelium die Gerechtigkeit Gottes offenbart wird. Er dachte dabei an die strafende Gerechtigkeit. Nun aber erkannte er, daß hiemit ein göttliches Geschenk an den Menschen gemeint ist, das Kindesrecht, eine unverdiente Gabe vom Himmel. Als ihm dieses klar wurde, thaten sich ihm die Thore des Paradieses auf. Es war dieß nicht eine neue Lehre, sondern eine alte Wahrheit, welche der Kirche nie ganz verloren gegangen, aber sie glich einer theilweise verschütteten Quelle, die wieder aufgegraben und zugänglich gemacht werden mußte.

Gleichzeitig arbeitete er rastlos an der scholastischen Theologie fort. Seine besondere Gabe war nicht die speculative. Luther war nicht ein Denker wie Leibnitz, harmonisch, umsichtig, ruhig, weite Gebiete des Wissens umfassend und dieselben in eine consequente Gesammtansicht zu verarbeiten geeignet. Er liebte vielmehr das Praktische, Originelle und Seltsame; er hob eine einzelne Seite der Wahrheit, von der sein Gemüth mächtig ergriffen war, in kühner und paradoxer Ausdrucksweise hervor, und grämte sich wenig darum, wenn er mit Aeußerungen, die er zu anderer Zeit gethan haben mochte, scheinbar oder wirklich in Widerspruch gerieth. Gerade auf dieser Einseitigkeit seines geistigen Organismus beruhte zum Theil die außerordentliche Wirkung seiner

Thiersch, Stizzen.   2

populären Schriften. Wiewohl also nicht Philosoph im eigent=
lichsten Sinne des Wortes, war er doch in der Philosophie und
Theologie des Mittelalters wohl geschult und vollkommen zu
Hause.

Die scholastische Wissenschaft hatte sich bekanntlich zwei=
hundert Jahre vor Luther gespalten, und es standen sich auf den
Universitäten, und innerhalb der gemeinsamen kirchlichen Ueber=
zeugung, zwei große Schulen gegenüber. Es war dieß derselbe
Zwiespalt, welcher auch sonst in der Geschichte der Philosophie
ans Licht getreten ist. Die eine Schule, von Anselmus und
Thomas ausgegangen, hielt fest daran, daß die erleuchtete Ver=
nunft die Hauptsätze des christlichen Glaubens als Wahrheiten,
als unter sich zusammenhängende Wahrheiten, als nothwendige
Wahrheiten einsehen und nachweisen könne. Hiegegen erhob sich
die andere Schule, deren Haupt Scotus war. Sie hielt zwar
dieselben christlichen Glaubenssätze fest, aber sie zeigte mit über=
legenem Scharfsinn, daß die Vernunftbeweise nicht ausreichen,
daß vielmehr die Kirchenlehre als Offenbarung angenommen wer=
den muß. Es ist im Wesentlichen derselbe Hergang, der sich im
18. Jahrhundert in dem Gebiete der neueren deutschen Philo=
sophie wiederholt hat. Wolf meinte, die philosophischen Beweise
für das Dasein Gottes für immer festgestellt zu haben; Kant
löste sie auf, und gründete die Ueberzeugung von dem Dasein
Gottes allein auf das Zeugniß der praktischen Vernunft. Eben
so hatte Thomas das Gebäude der Beweisführung aufgerichtet,
Scotus es niedergerissen. Die eine Schule ist die der Realisten,
die andere der Nominalisten; Luther gehört zu den letzteren. Sein
Meister, aus dessen Schriften er ganz besonders geschöpft hat, ist
Wilhelm Occam, der Schüler des Scotus, der kühne Skeptiker,
bekannt in der deutschen Geschichte als Vertheidiger des Kaisers
Ludwig des Bayern gegen den Papst. Auch Occam ist in seinen

Glaubenssätzen streng erthodox; die Nominalisten waren fern
davon, die kirchliche Lehre und Tradition untergraben zu wollen;
dennoch lag in ihrer Denkweise ein Beitrag zur Befreiung des
Geistes von herkömmlichen Fesseln, eine Anregung zum selbst=
ständigen Forschen.

Luther war als Gelehrter geachtet, als er den Ruf nach
Wittenberg erhielt. Er entschloß sich nicht leicht, demselben zu
folgen; nur aus Gehorsam gegen seinen Obern, Johann von
Staupitz, ging er darauf ein.

Das Sachsenland, welches vom Harz bis zum Erzgebirge
sich erstreckte, war erst seit kurzer Zeit in die zwei Linien, die Erne=
stinische und die Albertinische getheilt; jene hatte in Wittenberg,
diese in Dresden ihren Sitz; die eine war damals durch Chur=
fürst Friedrich den Weisen, die andere durch Herzog Georg ver=
treten; jener wurde der Beschützer, dieser der Gegner Luthers.

Friedrich der Weise war zu der Zeit, als Kaiser Maximilian
alterte, der geachtetste Fürst in Deutschland. Er wurde nach
Maximilians Tod Reichsverweser. Er hatte Aussicht auf die
Kaiserkrone; er wünschte sie nicht. Er verdiente das Vertrauen
der Nation, denn er hatte wirklich gut regiert; das schönste und
sicherste Zeugniß hiefür ist die Thatsache, daß in seinem Lande
kein Bauernkrieg entstand. Er schützte den geringen Mann gegen
die tyrannische Ritterschaft.

Seine kirchliche Gesinnung hatte noch ganz den Charakter
des Mittelalters. Er pilgerte 1491 mit anderen Rittern zum
heiligen Grabe. Er baute die Schloßkirche zu Wittenberg
(1499 wurde sie vollendet), und wie er für ihre Ausstattung sorgte,
sieht man aus dem merkwürdigen Buch „Zaigung des Hochlob=
würdigen Heiligthums der Stifftkirchen Allerheiligen zu Witten=
berg" (1509). Da waren 5005 Reliquien. An ihre An=
schauung waren Ablässe geknüpft, die sich zusammengenommen auf

2*

1443 Jahre beliefen. Die Partikeln und die Behältnisse derselben hatten 200000 Gulden gekostet. Achtzig Geistliche gehörten zum Stifte, 10000 Messen wurden jährlich gelesen, 36000 Pfund Wachs verbrannt.

Friedrich wollte sein Land mit einer Hochschule begaben, an die man sich als an ein Orakel wenden könnte. Im Laufe von 100 Jahren, seit der Stiftung der Universität Leipzig 1409, wurden zehn deutsche Hochschulen errichtet; Wittenberg war die elfte. Der Anfang wurde 1502 ohne päpstliche Genehmigung gemacht. Diese erfolgte 1507. Martin Pollich, Friedrichs Leibarzt, zugleich Jurist und Theolog und Freund der Humanisten, und Staupitz machten den Vorschlag; Friedrich lachte anfangs darüber, daß sein ärmliches Wittenberg Sitz der Hochschule werden sollte; es bestand aus einer geringen Anzahl von Lehmhütten mit Strohdächern; wäre die Stadtmauer nicht gewesen, so hätte es eigentlich den Namen eines Universitätsdorfes verdient. Die Umgegend war wendisches Land; im 12. Jahrhundert wurden deutsche Colonisten aus den Rheinlanden hingeführt, aus diesen entstand die Bürgerschaft, streitbar und lebenslustig, wie anderwärts. Die Wenden durften nur außen vor der Stadt wohnen; Luther kennt keine roheren Menschen, als die wendischen Bauern. Wittenberg, sagte er, liegt an den äußersten Gränzen der Civilisation (in termino civilitatis). Wäre man noch ein wenig weiter gegangen, so wäre man mitten in der Barbarei. Dieß mußte auch Philipp Schwarzerd von Pforzheim empfinden, da er aus den gesegneten Ländern Pfalz und Würtemberg in jenes Städtchen des Nordens versetzt wurde; er mochte die gute Küche und den edlen Wein seiner Heimath vermissen, da er in einem Briefe aus Wittenberg klagte: omnia sunt barbarica.

Indessen erblühte auf diesem rauhen Boden ein bedeutendes geistiges Leben. Nikolaus Amsdorf, Andreas Bodenstein von

Karlstadt und der Jurist Henning Göde waren berühmte Lehrer; Staupitz wurde der erste Decan der theologischen Facultät, Christoph von Scheurl aus Nürnberg einer der ersten Rectoren. Auch die Wildheit des damaligen Universitätslebens blieb nicht aus, 1512 wurde der Rector von einem relegirten Studenten aus Rache erstochen.

Luther bezog das Augustinerkloster. Bei seiner Schüchtern= heit wurde es ihm sehr schwer, zu predigen; Staupitz redete einst lange mit ihm unter dem Birnbaum im Klostergarten, ehe er sich entschloß, anfangs nur im Kloster, später auch in der Stiftskirche zu predigen. Bei Tische im Refectorium wurde die Bibel vor= gelesen. An der Universität hielt er Vorträge über Augustinus. Auch Humanisten oder Poeten waren als Lehrer angestellt, aber sie waren nicht von großer Bedeutung. Luther hatte mit ihnen wenig Verkehr, doch fing er nun an, die griechische und hebräische Sprache zu treiben. Binnen weniger Jahre wurde er der ge= achtetste Lehrer und Prediger. Ohne nach hohen Dingen zu trachten, hatte er eine angesehene Stellung erlangt. Schwache Gemüther werden durch das Klosterleben vollends geknickt; starke Charaktere erheben sich zu desto größerer Kraft, indem sie lernen, gegen sich selbst Strenge zu üben und der Pflichterfüllung Alles nachzusetzen. So war es bei Luther.

Von Wittenberg aus unternahm er 1510 seine Reise nach Rom. Er hatte einen Auftrag für seinen Orden auszurichten, aber es ist nicht mehr zu ermitteln, wovon es sich handelte. Zu= gleich verband er damit die Erfüllung eines in seiner Jugend über= nommenen Gelübdes; es war also eine Wallfahrt. Schon zwei= mal hatte er in Erfurt eine Generalbeichte abgelegt; nun pilgerte er nach der heiligen Stadt mit der Absicht, dort noch einmal sich einer solchen Beichte über sein ganzes Leben zu unterziehen [2]. Er reiste zu Fuß von Kloster zu Kloster. Die Einhaltung einer

geraden Linie ist hiebei nicht zu erwarten. Ueberdieß haben sich
Sagen an diese Reise geknüpft; Heidelberg, das Schwabenland,
München, Ottobeuern, Hohenaschau, Herren-Chiemsee, Füßen und
Hohenschwangau soll er besucht haben. „Wenn ich viel reisen
sollte," sagt er in den Tischreden, „wollte ich nirgend lieber, denn
durch Schwaben und Bayerland ziehen, denn sie sind freundlich
und gutmüthig, herbergen gern, gehen Fremden und Wanders-
leuten entgegen und thun den Leuten gütlich und gute Ausrichtung
um ihr Geld." Die Sachsen, bemerkte er, verstünden die Bayern
nicht, sonderlich die nicht gewandert sind. Zweifelhaft ist aber
der Zusatz: „Ja, die Bayern verstehen bisweilen einer den
andern nicht recht, was grobe Bayern sind;" hier mag der nord-
deutsche Wanderer etwas zu rasch von sich selbst auf die Bayern
geschlossen haben.

In der Lombardei fand er schwelgerische Benedictiner. In
Mailand lernte er den Ambrosianischen Ritus kennen; als er
Gottesdienst halten wollte, sagten ihm die Geistlichen: Non
potestis hic celebrare; nos sumus Ambrosiani. In Padua
und Bologna litt er an Fieber. In Florenz bewunderte er die
Hospitäler für Kranke und Kinder.

Als der Wanderer Rom erblickte, fiel er nieder und rief:
„Sei gegrüßt, du heiliges Rom, dreimal heilig von der Märthrer
Blut, das da vergossen ist." Indem er auf das Rom der christlichen Vorzeit blickte, lag hierin keine Ueberspannung. Hier
hatten Tausende von Bekennern Christi gelitten. Die Kirche
feierte ihre heiligen Geheimnisse in den Katakomben, zur Zeit, da
sie über der Erde von den Weltherrschern verfolgt wurde. Diese
Herrscher fielen und das alte heidnische Rom mit ihnen; die
christliche Kirche stieg aus der Verborgenheit auf, und Rom wurde
mit seinen sieben Kirchen in einem neuen und besseren Sinne die
Centralstadt des Abendlandes. Der Bischof von Rom bewies

sich würdig, als ein Hirte der Völker geehrt zu werden. Er war in der That ein Vormund unserer der Wildheit zu entwöhnenden Vorfahren, in kaiserloser Zeit der einzige Hort der Einheit, oft ein Warner und Bestrafer der Mächtigen, ein Beschützer der Unterdrückten; das Abendland hat keine größeren Wohlthäter gehabt, als einige jener Männer, die auf dem bischöflichen Stuhle zu Rom saßen. Die Stadt war eine Andachts= und Zufluchts= stätte der Gläubigen, ein Vaterland für Alle, die ihr Vaterland verloren haben. Hier waren die Kirchen und Hospitien für alle Nationen, für die Deutschen insonderheit die Kirche Santa Maria della anima. Während Dante und Petrarca gegen das Ver= derben der Gegenwart in Rom eiferten, sahen sie doch in ihr die geweihte Gottesstadt auf heiligem Boden, die Städtekönigin, ein Abbild des Himmels, dessen Anblick das Herz des Christen mit Entzücken füllen müsse.

So war es bei Luther, als er durch die Porta del popolo einzog, im Anfang des Sommers 1510. Er sah die Krypta des Calixtus, das Colosseum und das Pantheon, auch das vermeint= liche Bild der Päpstin Johanna. Er sah die Trümmer des alten Roms und beachtete auch die eben entstehenden Gemälde der großen Meister Rafael und Michel Angelo. Was man damals den Pilgern zeigte an Reliquien, was man ihnen erzählte von seltsamen Legenden und Abläffen, das ist alles anschaulich be= schrieben in dem gleichzeitigen Buch: Mirabilia Romae, welches zuerst 1475, dann auch 1510 erschien. Eine Schrift gleichen Inhalts hatte den Titel: „Wie Rome gepauet ward u. s. w., was Kirchen in Rom sind und was Heilthum und Genad in den Kirchen allen ist. Nürnberg 1491." Papst Gregor, so heißt es hier, gab der Kirche im Lateran so viel Tage Ablaß, als es drei Tage und Nächte Tropfen regnet. Wer die 28 Stufen der Scala santa zur Peterskirche mit Andacht hinauf= oder her=

untergeht, hat tausend Jahre Ablaß. Wer das Tuch der Vero=
nika ansieht, verdient siebentausend Jahre Ablaß u. s. w. Von
Himmelfahrt an wird ein Tuch aufgehangen, das Papst Gregor
über die Märtyrer decken ließ; wer für eine Seele siebenmal dar=
unter hingeht, und sieben Vaterunser und Avemaria betet, erlöst
dieselbe Seele aus dem Fegefeuer. Luther glaubte damals noch
das alles; es machte ihn nichts irre, er besuchte die Heiligthümer
mit Andacht und es war ihm schier Leid, daß seine Aeltern noch
nicht gestorben waren, daß er sie hätte können bei dieser Gelegen=
heit aus dem Fegefeuer erlösen. Aber er machte in Rom daneben
Erfahrungen noch anderer Art, die sein religiöses und patrio=
tisches Gefühl tief verletzen mußten.

Nachdem das Ansehen der Päpste in der Zeit der Spaltung
zwischen Rom und Avignon und im Kampfe mit den großen Con=
cilien schwer erschüttert worden, erhielt es durch Pius II., der
70 Jahre vor Luthers Besuch in Rom geherrscht hat, neue Be=
festigung³). Das Papstthum stand wieder in seiner politischen
Größe da, ja für Deutschland mächtiger als zuvor, denn der
Kaiser, den es früher so oft zum Gegner gehabt hatte, war nun
mit dem Papste im Bunde gegen die Fürsten. Aber es war nicht
zur sittlichen Reinheit und Würde wieder hergestellt; Pius II.
(Aeneas Sylvius) war selbst ein tief gesunkener Weltmann, und
eine Verweltlichung der Päpste folgte, nicht viel geringer als einst
in dem dunkeln zehnten Jahrhundert. Am Ende des 15. Jahr=
hunderts regierte Alexander VI., von dem ein katholischer Kirchen=
geschichtschreiber (Alzog) sagt: Durch seine Wahl wurde dem
heiligen Stuhl die größte Schmach angethan, die er je erlitten.
Julius II., den Luther in Rom sah, war ein kühner italienischer
Patriot, ein kampflustiger Fürst, Krieg und Blutvergießen war
seine Sache, nicht die Sorge für die Schafe Christi. Es konnte
nicht fehlen, daß man in Rom von den Greueln Alexanders VI.

und von der Verbrennung Savonarola's hörte; der Charakter
Julius II. war kein Geheimniß, Luther bezeichnete ihn später als
einen Wüthrich und Gotteslästerer. Doch es gab für Luther
Gelegenheit, tiefere Blicke als mancher Andere in das Verderben
der Hierarchie zu thun. Man muß annehmen, er hat in einem
Kloster seines Ordens gewohnt, und gerade in diesem Orden gab
es ernste und kühne Männer, die gegen die Mißbräuche in der
Kirche auftraten. Ein solcher war der General des Augustiner-
Ordens Aegidius von Viterbo, der über die Offenbarung Johannis
predigte, eine Reinigung der Kirche forderte, und 1512 auf Be-
rufung eines allgemeinen Conciliums drang [4]).

Luther mußte zu seinem Schmerz die Wahrnehmung machen,
welcher Unglaube bei den gebildeten Italienern herrschte. Er
suchte zwar nicht, wie Erasmus, die Humanisten, die Freigeister
auf, aber er entdeckte ungesuchter Weise, daß die meisten Vornehmen Epikureer waren. Buon Cristiano nannte man einen
einfältigen Menschen, einen Narren, der noch glaube. Das Gewissen nannten aufgeklärte Leute eine bestia und ihre Lebens-
weisheit bestand darin, sich nichts daraus zu machen, sumere
bonum vultum. Luther sah „greuliche Schande," er hörte
murmeln von Sünden Sodoms. Cardinal Bembo war als ein
Ungläubiger bekannt und lebte als ein solcher.

Im Heiligthum sah Luther einen Markt der Käufer und
Verkäufer; als er selbst celebrirte, waren die Wälschen viel früher
fertig und riefen ihm zu: „Passa, passa! Schicket der Mutter
Gottes ihren Sohn bald wieder heim!" Bei Tisch hörte er
Hofleute über die Religion spotten, Boccaccio's Anekdote von dem
Juden, der sich in Rom taufen ließ, blieb ihm nicht unbekannt.

Aber auch sein nationales Gefühl wurde gekränkt. Solche
Leute herrschten unter heiligem Vorwand, und die Deutschen gehorchten ihnen und glaubten. Germanien nannte man in Rom

das Land des Gehorsams. Das deutsche Reich wurde als Geld-
quelle angesehen und ausgebeutet; die Deutschen, so hieß es,
haben kein Gehirn; „was meinest du, was der Papst nach den
Deutschen frage? in einem Finger ist er stärker, denn alle deutschen
Fürsten!" Luther fühlte sich in Italien nicht heimathlich, er fand,
die Walen haben keine Treue. Er war nicht der erste, dem die
Befürchtung eines bevorstehenden Umsturzes in den Sinn kam.
Es waren Hofleute in Rom, die er sagen hörte: es kann nicht
lange mehr so fortgehen.

Alle diese Mittheilungen über die in Rom empfangenen
Eindrücke hat er späterhin gelegentlich selbst gemacht, an verschiedenen Stellen seiner Schriften und seiner Tischreden. Es ist
klar, daß er solche Aeußerungen mit der Absicht gethan hat, seinen
bereits vollzogenen Bruch mit dem Papstthum zu rechtfertigen.
Dagegen hatte er wenig Veranlassung, die günstigen Eindrücke,
die er in Rom empfangen hatte, hervorzuheben; ebendeshalb bleibt
unsere Kenntniß seiner römischen Erlebnisse unvollständig und
einseitig. Wir wissen nicht, bei wem er seine Beichte abgelegt
hat, wir haben keine Kunde davon, welche Gedanken er mit den
Oberen seines Ordens und mit andern würdigen Männern in
Rom ausgetauscht hat. Ohne Zweifel hat er an Staupitz geschrieben und an diesen nicht nur, wie er mußte, über die Ausführung und den Erfolg seines Auftrags berichtet; er wird ihm
auch seine inneren Erlebnisse mitgetheilt und die Gewissensfragen,
welche damals in ihm angeregt wurden, vorgelegt haben. Aber
wo sind Luthers Briefe an seinen väterlichen Freund und Berather aus jener Zeit? Staupitz ist bekanntlich 1524 in Salzburg gestorben, als der große Bruch bereits geschehen war. Zwar
blieb Staupitz fest in seiner kirchlichen Stellung, doch konnte er
wegen seiner nahen Beziehungen zu Luther dem Verdachte der
Ketzerei nicht entgehen. Deswegen wurden nach seinem Tode

seine Papiere verbrannt. Dadurch sind auch die bedeutsamsten
Briefe Luthers verloren gegangen, und unsere Kenntniß seiner
inneren Entwicklung leidet in Folge dieses Verlustes an einer
Lücke, die Niemand ausfüllen kann [5]).

Doch so viel können wir für gewiß annehmen, als Luther
von Rom wieder abreiste, nahm er einen Stachel in seinem
Innern, eine Wunde in seinem Herzen mit. Er wurde von
Zweifeln an der Autorität beunruhigt. Aber er hatte ein deutsches Gemüth, und hielt an der Geduld, der Pietät und dem Gehorsam noch fest. Wir hören, daß Staupitz auch später noch ihn
zur Geduld ermahnt hat. Wirklich finden wir ihn in den nächstfolgenden Jahren noch aufrichtig dem Papstthum ergeben, und es
scheint, daß er im Kampf mit widerstrebenden Gefühlen sich krampf-
haft an die altheilige Autorität anklammerte. Er gebot seinem
eigenen Herzen Stille und wies sich selber zurecht mit dem Salo-
monischen Wort: „Verlaß dich auf den Herrn von ganzem Herzen und verlaß dich nicht auf deinen Verstand.“ Er war ein
treuer Sohn der Kirche, und es mußte weit gekommen sein mit
den vorhandenen Uebeln, ehe ein solcher Mann zum Haupte der
Opposition werden konnte. Langsam reiften seine, dem Her-
kommen widerstreitenden Ueberzeugungen; spät, aber dann mit
Ungestüm brachen sie in Thaten hervor.

Der Mißbrauch der Autorität, und zwar der ehrwürdigsten,
welche in der menschlichen Gesellschaft existirt, der Autorität des
kirchlichen Lehramts, war überaus hoch gestiegen. Hat ein solcher
Mißbrauch Menschenalter und Jahrhunderte lang gedauert, hat
er allen friedlichen und gesetzlichen Reformversuchen Trotz geboten, so treten die größten Gefahren für die Societät ein. Wie
es auf politischem und bürgerlichem Gebiet vor dem Ausbruch der französischen Revolution stand, ähnlich war es auf

kirchlichem Gebiete am Anfang des 16. Jahrhunderts. Die Spannung und der tief empfundene geistige Druck ließ einen Umsturz erwarten, und die geistigen Bewegungen der Zeit wiesen deutlich auf das Bevorstehende hin, wurden aber, wie gewöhnlich in solchen Zeiten, von den Inhabern der gemißbrauchten und gefährdeten Autorität weniger als von allen anderen Menschen verstanden. Wenn nun eine große Umgestaltung unvermeidlich war, so kam Alles darauf an, nach welchen Grundsätzen, in welchem Geiste und von welchen Männern sie unternommen und geleitet werden sollte. Betrachten wir also die damaligen Gebrechen und die damit verbundenen Gefahren der Kirche und des Reiches etwas näher.

Die Gefahr für die Kirche beruhte nicht nur auf den tief gewurzelten Mißbräuchen, sondern eben so sehr auf der dem Christenthum entfremdeten Richtung, welche die neue höhere Bildung in den meisten ihrer Vertreter annahm. In Deutschland war ein weit verbreitetes Mißvergnügen über das, was von Rom aus geschah. Während der Kaiser von den Reichstagen nur mit Mühe mäßige Geldbewilligungen bekam, gingen nach Rom jährlich 300,000 Gulden Annaten, d. h. Jahreseinkünfte erledigter Pfründen. War der Primas von Deutschland, der Erzbischof von Mainz, gestorben, so mußte der Nachfolger für die Verleihung des Pallium 20000 Gulden an den päpstlichen Hof einsenden. Der Wandel der Geistlichen und Mönche war in vielen Fällen anstößig und die durch den Cölibat veranlaßten Uebel, welche das christliche und das deutsche Gefühl empörten, galten insgemein für unheilbar. Der Ablaß, wie man ihn für Geld ausbot, war schon längst vor Luther bestritten worden, und man hörte die bedenkliche Frage des gemeinen Mannes: „Wenn der heilige Vater die Macht hat, die armen Seelen aus dem Reinigungsfeuer zu erlösen, warum thut er es nicht, von Liebe bewogen, unentgeltlich, sondern erst gegen Bezahlung?" Die rechtmäßigen Hüter des Heiligthums, von denen auf gesetzlichem Wege die Besserung und Reinigung hätte ausgehen sollen, waren die deutschen Bischöfe. Man darf nicht zweifeln, daß unter diesen sich auch noch treue Hirten des Volkes fanden, aber im Allgemeinen war das bischöfliche Amt ähnlich wie das päpstliche entweiht. Die Bischöfe waren mächtige Reichsfürsten, an Einkünften, Hofstaat und politischem Einfluß den weltlichen Fürsten mindestens gleich. Daher kam es, daß meist Prinzen, und zwar solche ohne inneren Beruf für das geistliche Amt, auf die Bischofsstühle erhoben wurden. Die Collegien der Domherren ließen unter sich nur Adelige aufkommen. So entschied in den meisten Fällen weniger die Würdigkeit eines Candidaten, als die vornehme Herkunft und die Familien-Connexion. Die Vereinigung der geistlichen und weltlichen Macht wirkte zu allen Zeiten nachtheilig auf die Träger derselben. Wie wenig das oberhirtliche Amt in seiner Reinheit dargestellt wurde, und wie geringes Vertrauen es denen einflößte, welche den Schaden der Kirche zu Herzen nahmen, sieht man aus folgender Thatsache. Friedrich der Weise wünschte, daß sein Freund Staupitz Bischof würde. Luther sprach, und zwar vor dem Beginn der Reformation, ehe er an eine Auflehnung gegen den Episkopat dachte, mit allem Nachdruck dagegen, weil sonst auch dieser treffliche Mann der Verweltlichung anheimfallen, an seinem Charakter und seinem Seelenheil Schaden nehmen würde.

Eine neue Bildung hatte sich seit dem Wiederaufkommen der classischen Studien erhoben. Das Land, wo sie sich am ersten und am glänzendsten entfaltete, war Italien. Aber diese Bildung war in den meisten ihrer Vertreter von dem Christenthum abgelöst, und der Kirche, entweder bewußter oder doch unbewußter Weise, entfremdet. Unter den Humanisten in Italien bestanden zwei Richtungen, eine epikureische und eine platonische. Die neue platonische Akademie war unter den Mediceern in Florenz entstanden; Marsilius Ficinus war ihr Haupt. Diese Philosophenschule hielt die göttliche Vorsehung und die Unsterblichkeit der menschlichen Seele fest, und unterschied sich dadurch von der ganz profanen epikureischen Richtung; aber weiter ging sie in der Anerkennung religiöser Wahrheiten nicht. In Florenz feierte man den Geburtstag und den Todestag des Plato mit Anstimmung orphischer, d. h. pythagoreischer Hymnen. In dem Zimmer des Ficinus hing nur ein Bild, das des Plato, und vor diesem brannte eine immerwährende Lampe. Als Cosimo, der mediceische Herzog, auf dem Sterbebette lag, ließ er sich aus Platos Parmenides vorlesen, und Ficinus wünschte, daß man im Gottesdienst neben der heiligen Schrift platonische Dialoge lese und erkläre. Ein mediceischer Prinz, Giovanni, wurde Papst; er ist Leo X., welcher in Verbindung mit dem epikureischen Cardinal Bembo das neue augusteische Zeitalter in Rom einführte. Der Geisteszustand in Italien war nicht ohne Aehnlichkeit mit dem, welchen wir in der Gegenwart wahrnehmen. Es bestand damals, wie auch jetzt, gerade in jenem Lande der schroffste Zwiespalt zwischen der kirchlichen Ueberlieferung und einer vorwärts strebenden Bildung. Wenn die gefeierten italienischen Patrioten der Gegenwart, Mazzini und Garibaldi zur Herrschaft gelangten und ihre Grundsätze in Ausführung bringen könnten, so würde wahrscheinlich in den Kirchen Italiens anstatt des christlichen Gottesdienstes ein gehaltloser Freimaurer-Cultus eingeführt werden, wie ihn die Theophilanthropen zu Paris in den 1790er Jahren feierten. Die Lage Roms am Anfang des 16. Jahrhunderts war um so bedenklicher, da der Unglaube ganz nahe dem päpstlichen Stuhle, ja auf diesem selbst Platz genommen hatte. Das Heiligthum war mit dem Eindringen eines neuen Heidenthums bedroht.

Die Humanisten in Deutschland waren nicht so zahlreich, nicht so hoch gestellt und weniger epikureisch gesinnt, als die italienischen. Doch war auch ihre Aufklärung der Gottesfurcht und der christlichen Gesittung eher nachtheilig, als förderlich. Johann Reuchlin, der edelste unter ihnen, war schon ein alter Mann, ehe Luther auftrat. Desiderius Erasmus von Rotterdam war das anerkannte Haupt des Humanismus. Er leistete zwar den Schulen und der Theologie bedeutende Dienste durch seine Förderung des lateinischen und griechischen Studiums und durch seine Ausgabe des griechischen neuen Testaments von 1516; aber der rechte Mann für eine Kirchenverbesserung war er nicht. Erasmus war der Voltaire jenes Jahrhunderts. Es fehlte ihm der heilige Eifer für die Wahrheit; er kroch vor den Vornehmen, er fürchtete den Tod, er wollte als ein ächter Diplomat vor allem keine Aufregung — point de zéle, wie Talleyrand zu sagen pflegte. Erasmus machte seine Scherze über Rom und über die bösen Sitten der Geistlichen in einem solchen Ton, daß er dadurch den Glauben und die Moralität untergraben half. Es fehlte ihm an Ernst und Charakter und seine Ironie war ein Erzeugniß seiner Schwäche. Er gefiel sich als ein geistreicher Spötter. Seine theologischen Ueberzeugungen, wenn er solche hatte, waren oberflächlich. Er war im Grunde ein Pelagianer und eben deswegen ohne Verständniß für das eigentliche Wesen des Christenthums.

In Gotha saß der von den Humanisten gefeierte und viel aufgesuchte Mutianus Rufus (sein deutscher Name ist unbekannt). Er ließ nichts drucken, denn er wollte Ruhe haben. Er versammelte um sich ein Symposion. In diesem Kreise wurde bereits die mythische Ansicht von Christus ausgesprochen und die Anbetung des Genies empfohlen. Da hieß es: „Der wahre Christus ist nicht der sichtbare, sondern Geist. Es giebt nur einen Gott und eine Göttin. Jenen möge man Jupiter oder Christus,

diese möge man Ceres oder Maria nennen." In jenem Sym=
posion zu Gotha, welches an die Soiréen Friedrich des Großen
in Sanssouci erinnert, sieht man den modernen geistigen Abfall
vom Christenthum bereits präformirt, gleichsam in embryonischem
Zustande. Die Humanisten nannten sich auch Poeten und wirk=
lich ahmten sie den Ovidius mit Gewandtheit und eleganter
Form, aber auch in dem Verführerischen des Inhalts nach.

Ein Erzeugniß dieser Richtung waren die Epistolae obscu-
rorum virorum (1516), eine grimmige Satire gegen die Domi=
nikaner, leider zum Theil wahr und treffend, aber der Unflath ist
darin mit rohem Behagen ausgemalt, nur ein selbst unsittlicher
Mensch konnte so Abscheuliches schreiben; der ernste Luther be=
zeichnete dieses Buch als Narrenspossen, den Verfasser als einen
frechen Hanswurst. Zur Satire und Verneinung waren die
Humanisten befähigt; aber etwas aufzubauen vermochten sie nicht;
das Wohl des christlichen Volkes lag ihnen nicht am Herzen und
irgend welche Hilfe für die Sache der Kirche und der Religion
war von ihnen nicht zu erwarten[6]).

Auch die Gebrechen des deutschen Reiches wurden allgemein
empfunden, und sie gaben Veranlassung genug, eine Reform zu
wünschen, eine gewaltsame Umwälzung zu befürchten. Die Reichs=
verfassung war im Laufe der Zeit immer schwerfälliger geworden,
die reichsunmittelbaren Stände, über 300 an Zahl, waren allezeit
uneinig, die kaiserliche Gewalt bereits sehr abgeschwächt. Eine
Reihe von Versuchen, die Reichsverfassung zu verbessern, war
mißlungen. Auf dem Reichstag zu Mainz 1517 war „nichts
denn Klage und Gebrechen, kein Rath:" er löste sich ohne Be=
schluß auf, während die Raubritter gegen die Fürsten Bündnisse
machten und ein weitverzweigter Aufstand der Bauern zu be=
fürchten war. Die Macht der Fürsten war im Steigen, und der
Mittelstand ließ sich dieß gerne gefallen, weil man von den nahe

wohnenden Fürsten eher Schutz haben konnte, als von dem ferne
weilenden Kaiser. Der Bürgerstand hob sich allenthalben, während die Bauern in unterdrückter Lage schmachteten und die Stellung der Ritter eingeschränkt und gefährdet wurde; daher die
Gefahr von Seiten dieser beiden Stände. Die Bauern litten
unter der Leibeigenschaft, Frohnen und Uebermuth aller Art.
Sie waren dabei wie zu allen Zeiten ein thatkräftiges Volk, und
damals noch zum größten Theil bewaffnet und im Waffenhand-
werk geübt. In der Schweiz war den Bauern ihre Erhebung
gegen die Zwingherren vollständig gelungen. Um so näher lag
der Gedanke, daß auch in anderen Theilen des Reiches ein Tag
der Befreiung für den hart geplagten Landmann kommen müsse.
Schon seit dem Jahre 1493 regten sich Verschwörungen und Auf-
stände der Bauern im Elsaß, bei Bruchsal und in Würtemberg.
Es waren Zeichen einer schweren Krankheit im Reichskörper, nicht
bedeutungslose Regungen, sondern Vorzeichen einer größeren
Erschütterung, wie der unterirdische Donner eines nahenden
Erdbebens.

Fast nicht minder nach Umsturz begierig war die Ritterschaft. Dieser Stand, in dem einst die Kraft der Nation ruhte,
hatte schwere Einbuße erlitten. Der Adel verarmte durch das
teutsche Princip, daß alle Kinder den Adel erben; unterdessen
hob sich der Reichthum der Städte und die Fürsten befestigten
ihre Macht durch Söldnerschaaren und den Gebrauch der Feuer-
waffen. So war die Ritterschaft von Neid und Verachtung gegen
die Bürger und Kaufleute erfüllt, von stolzer Entrüstung gegen
die Fürsten, deren schweres Geschütz ihre Burgen zerbrach. Ganz
besonders aufsätzig waren die Ritter den reichen geistlichen Fürsten.
So war dieser Stand mit der ganzen Entwickelung des Reiches zerfallen. Sie arteten zu Raubrittern aus und wurden nur momentan
durch den Landfrieden zur Ruhe gezwungen. Wenige strebten

nach geistiger Auszeichnung. Bei der Mehrzahl überwog die
Wildheit und Rauhheit; sie erinnern an die Briganten Italiens,
an die Klephten Griechenlands. Selbst der, welcher für den ge=
bildetsten unter den Rittern galt, schnitt gefangenen Dominikaner=
mönchen die Ohren ab; dies war Ulrich von Hutten. Wie Götz
von Berlichingen in seiner Person die Sache der Ritter und der
Bauern vereinigte, so Ulrich von Hutten die Sache der Ritter
und der Humanisten. Er war gekrönter Poet und verwegener
Abenteurer zugleich. Auch er besuchte Italien, ungefähr um die=
selbe Zeit wie Luther, und er ließ vor dem Auftreten des Refor=
mators eine furchtbare Schrift gegen die Schlechtigkeiten, die er
in Rom gesehen hatte, ausgehen, die Trias Romana. Hutten
vertrat kein religiöses Princip, aber ein nationales. Sein großes
Ziel war Emancipation der Deutschen von Rom. Dazu sollte
die Erniedrigung der Geistlichen dienen. Sein Streben war eine
Verneinung des Bestehenden; an eine religiöse Reform dachte er
nicht. Seine Grundsätze waren revolutionär.

Während eines so gespannten Zustandes waren die hohen
Kirchenfürsten über ihre gefährdete Lage in einer schweren Täu=
schung befangen. Dieselbe Sorglosigkeit der hohen Häupter am
Vorabend einer Revolution ist öfter vorgekommen. So meinte
man in den Tuilerien am 22. Februar 1848, der Aufstand in
den Straßen von Paris habe nichts zu bedeuten. „Wir haben
so und soviel Soldaten, 1834 stand es viel schlimmer und der
Julithron wurde doch nicht erschüttert.“ Leo X. ließ das Con=
cilium im Lateran 1517 vorübergehen wie ein Schattenspiel. Bei
Luthers kühnem Auftreten sagte man in Rom: „Es ist ein
Mönchsgezänk; es entspringt aus Ordensneid“ (der Augustiner
gegen die Dominikaner) und etwas später hieß es noch: „Man
hätte diesem Mönch durch ein Bisthum, durch eine fette Pfründe
das Maul stopfen sollen.“

Ein völkerbewegender Sturm war im Anzug. Wenn dies der Fall ist, so kann man nicht sagen, dieser oder jener Mann hat die Bewegung gemacht. Oder welcher Einzelne hätte die Erschütterung von 1789 oder die von 1848 hervorgerufen? Ebenso verhielt es sich mit jener, die 1517 begann. Wenn eine Lawine sich angehäuft hat, so kann ein Glockenklang sie in Bewegung setzen, aber man wird nicht sagen, der, welcher die Glocke läutete, habe die Bewegung geschaffen. Wäre es in Italien zum Bruche gekommen, so war zu befürchten, daß das neue System, welches man an die Stelle des alten zu setzen hatte, einen widerchristlichen, mindestens einen deistischen Charakter tragen würde. Ging die Erhebung in Deutschland vor sich, so lag die Gefahr nahe, daß man auf revolutionärem Wege die Geistlichen, die Fürsten und Herren weggeschafft oder in gewaltthätiger Weise einen Bauerncommunismus aufgerichtet hätte. Es waren edle und es waren verderbliche Elemente vorhanden, deren Zusammenwirken bei dem Werke des Umsturzes und Wiederaufbaues zu erwarten stand. Welche Elemente überwiegen, welche Richtung die ganze Sache nehmen sollte, dies hing größtentheils von den Männern ab, in deren Hände die Leitung der Bewegung fiel. Dies war nun die merkwürdige und glückliche Fügung, daß die Erhebung nicht in Italien eintrat, sondern in Deutschland, wo noch die meisten sittlichen und religiösen Kräfte vorhanden waren, und daß in Deutschland ihre Leitung nicht einem Hutten, einem Mutianus, oder einem Thomas Münzer anheim fiel, sondern das Steuer des Schiffes im Sturme ein Mann ergriff, der eine deutsche, eine besonnene, eine religiöse Richtung einhielt; ein solcher Mann war Luther.

Wir setzen die Hauptereignisse der Reformation von 1517 bis 1546 als bekannt voraus, und wir beschränken unsere Betrachtung auf Luthers Charakter, wie er ihn zuerst in seiner zerstörenden, dann in seiner erhaltenden Thätigkeit bewiesen hat; wir betrachten seine Opposition gegen die päpstliche Macht, dann seinen conservativen Widerstand gegen die Extreme der Neuerer.

Luther war in Wittenberg 1512 Doktor der heiligen Schrift geworden, er stand ohne Zweifel als der einflußreichste Lehrer der Hochschule da. Seine natürliche Kraft war gebrochen, aber seitdem er zum inneren Frieden und zur Klarheit durchgedrungen war, waren seine Kräfte gleichsam neu geboren; geläutert, aber freilich nicht vollkommen geläutert, traten sie in Wirksamkeit. Er kannte in der Erfüllung seiner Pflichten keine Furcht vor den Menschen und keine Furcht vor dem Tode. Im August 1516 herrschte in Wittenberg die Pest. Die Universität wurde nach Jena verlegt, und der Churfürst wollte, daß auch Luther der Gefahr ausweiche. Aber er blieb, denn er war Stadtpfarrer und Seelsorger. Das Bewußtsein seiner Verantwortlichkeit für das Seelenheil der ihm Anbefohlenen und das Vertrauen auf Gott hielt ihn fest.

Unterdessen erscholl die Ablaßpredigt im deutschen Lande. Leo X. ließ die alte Peterskirche abbrechen. Um nun den neuen herrlicheren Bau herzustellen und mit Kunstwerken wie Buonarotti's letztes Gericht zu schmücken, bedurfte er Geld, viel Geld, und dieses sollte aus Deutschland kommen. Als einst die Akropolis und das Bild der Pallas Athene hergestellt wurde, führte die Gelderpressung den Abfall der Bundesgenossen von Athen herbei. In ähnlicher Weise gab jener Prachtbau des Mediceers den Anlaß zum Abfall der Deutschen von Rom. Luther hatte schon 1516 und 1517 über den Ablaß disputirt. Die Sache kam in seine nächste Nähe, als seine Beichtkinder gegen die Zu-

muthung wahrer Reue auf die in Jüterbock gekauften Ablaßbriefe
sich beriefen. Da trat Luther am 31. Oktober 1517 mit seinen
95 Thesen hervor. Er that diesen Schritt für sich allein, ohne
Aufmunterung von seinen Collegen, ohne Zusage des Schutzes
von seinem Fürsten. Der Hauptinhalt seiner Sätze besteht darin,
daß die wahre Buße Sinnesänderung ist, und sich durch das ganze
Leben des Christen hindurchziehen muß; daß der Ablaß eigentlich
nur Erlassung der Kirchenstrafen ist, daß er nur auf die Lebenden,
nicht auf die Verstorbenen bezogen werden darf. Hiebei wollte
er den Papst nicht bekämpfen, sondern nur die Träume der Ab=
laßprediger beschuldigen und die gefährdete Ehre des Papstes
retten. Er stand ganz innerhalb seines Berufes als Seelsorger
und als Lehrer der heiligen Schrift, es war ihm um das Wesen
des Christenthums zu thun, und ein Angriff auf die kirchliche
Ordnung kam ihm nicht in den Sinn.

Der Widerspruch seiner Gegner trieb ihn weiter, als er
selbst anfangs gehen wollte, besonders seine Disputation mit
Doktor Eck war folgenreich für die Entwickelung seiner Ueber=
zeugung. Er wurde beschuldigt, daß er es mit dem zu Constanz
verurtheilten Johannes Huß halte. Er wurde veranlaßt, dessen
Schriften zu lesen, und bemerkte nun mit Erstaunen seine Ueber=
einstimmung mit denselben. „Wir sind Hussiten gewesen, ohne
es zu wissen.“ Dabei suchte er noch immer die Ehrfurcht für
die päpstliche Autorität und die Einheit festzuhalten. In diesem
Sinne schrieb er seine Briefe an Leo X. am 30. Mai 1518 und
am 3. März 1519. Er gab sich Mühe, von dem Papste Gutes zu
erwarten und nannte ihn einen Daniel unter den Löwen, eine Rose
unter den Dornen, ein Lamm unter den Wölfen. Aber das Jahr
1520 wurde der Wendepunkt seiner Ueberzeugungen, das Todes=
jahr seiner Hoffnungen auf ein Besserwerden der päpstlichen
Kirchenleitung. Als er sich nicht mehr verbergen konnte, daß

man in Rom billige und schütze, was er als verderblich erkannt hatte, und verwerfe, was ihm heilig und gewiß war, da bemächtigte sich seiner der Gedanke, der für sein Werk entscheidend wurde und der ihn zeitlebens nicht mehr verließ: der Papst sei jener große Widersacher der Wahrheit, der laut den Voraussagen der heiligen Schrift in der letzten Zeit auftreten soll, und von dessen Kommen auch im Munde des deutschen Volkes schon lange die Rede ging, der Papst sei der Antichrist.

Hätte Luther unter einem Bischof wie Karl Borromäus gestanden, hätte er in Rom Cardinäle wie Bona und einen Papst wie Innocenz XI. oder Benedikt XIV. gefunden, wer kann sagen, daß er auch dann zu der Ueberzeugung gekommen wäre, der Papst sei der Antichrist? Dieser Gedanke aber war es, der ihn von nun an bei seinen Schritten bestimmte; die Erwartung, daß bessere Einsicht im Laufe der Zeit bei der Hierarchie durchdringe und daß auf gesetzlichem Wege eine Abhülfe kommen werde, war hiemit erloschen. Es ist zwar eine unfruchtbare Beschäftigung, über Möglichkeiten, die nicht zur Wirklichkeit geworden sind, zu speculiren. Doch liegt hier der Gedanke ganz nahe: wenn Luther im Jahre 1520 weniger stürmisch zu Werke gegangen wäre, so hätten im Laufe einiger Jahrzehnte die berechtigten Forderungen und die großen Wahrheiten, die er vertrat, wenigstens bei einem Theil der deutschen Bischöfe Eingang gefunden, und die Aussicht auf eine normalere Gestaltung des Protestantismus, die Hoffnung auf eine geläuterte Episkopalkirche in Deutschland wäre vorhanden gewesen.

Während in Rom die verdammende Bulle gegen Luther ausgefertigt wurde, verfaßte er seine zwei kühnsten und wirksamsten Schriften „An den christlichen Adel deutscher Nation" und „von der babylonischen Gefangenschaft der Kirche." Er lehrt, alle Christen seien Priester; die Geistlichen, auch die Bischöfe und der

Papst möchten bleiben, jedoch nur als Diener der Gläubigen. Die weltliche Macht sei von ihnen ganz unabhängig. Die Ehe soll den Geistlichen freistehen. In der zweiten Schrift streitet er gegen die Vorenthaltung des Kelches, gegen die Transsubstantiation, gegen die Lehre vom Opfer und gegen die Siebenzahl der Sacramente. Hier sehen wir ihn bereits an dem Punkte seiner äußersten Entfernung von der kirchlichen Ueberlieferung angelangt; weiter als damals ist er in dieser Richtung nie vorgeschritten.

Luther stand in diesen verhängnißvollen Jahren 1520 und 21 mehr noch als sonst allein, und doch möchte man sagen, er bedurfte damals ganz besonders einen väterlichen Freund und Berather. Aber er hatte keinen solchen zur Seite, denn seine Collegen Amsdorf und Karlstadt waren geistig von ihm abhängig; Staupitz, der ihm früher ein geistlicher Vater gewesen, befand sich in weiter Ferne, und Philipp Melanchthon, der wahrhaft christliche unter den Humanisten, seinem ganzen Wesen nach eine Ergänzung für Luther, war erst ein Jüngling von 23 Jahren, und wäre er auch älter gewesen, zu hingebend und schüchtern, um einen Charakter wie Luther zu zügeln.

Die Bulle, wonach er bei Vermeidung des großen Bannes binnen 60 Tagen widerrufen sollte, war ihm publicirt. Seine Antwort war nicht Unterwerfung, sondern er begab sich am 10. Dezember 1520 mit den Studierenden Wittenbergs vor das Thor und warf die päpstliche Bulle und mit ihr das Corpus des canonischen Rechts ins Feuer. Dieser Brand vor dem Elsterthore war die Kriegserklärung, das Feuerzeichen der geschehenen Spaltung. Das canonische Recht, welches er dort den Flammen übergab, enthielt unter anderem die falschen Decretalen, ein erst später aufgedecktes Werk des Betrugs aus dem 9. Jahrhundert zur Befestigung der extremen Ansprüche der päpstlichen Macht;

es enthielt aber auch alle die ächten Grundlagen der alt ehrwür=
digen episkopalen Kirchenordnung, die ganze Gesetzgebung der
Concilien seit zwölfhundert Jahren. Die Sichtung der ächten
und der untergeschobenen Urkunden war damals noch nicht voll=
zogen, und konnte auch nur durch die Arbeit mehrerer Geschlechter
zu Stande kommen. Luther verwarf das Ganze als ein Boll=
werk des Irrthums.

Autorität und Ueberlieferung muß in jedem Gemeinwesen
bestehen, vor allem in der religiösen Societät; und was könnte
größeren Anspruch auf Beachtung und Ehrfurcht haben, als das
Ansehen der Bischöfe, welche von den Aposteln her auf dem Wege
ununterbrochener Nachfolge Amt und Auftrag bekommen haben?
Wenn aber die Autorität vielfältig mißbraucht, wenn die Ueber=
lieferung mit Irrthum vermischt ist, dann tritt gerade für den,
welcher von glühendem Eifer für Wahrheit und Recht erfüllt ist,
die Versuchung ein, diese Autorität und diese Ueberlieferung mit
einem Schlag zu verwerfen. Wenn nun dieses geschehen ist, dann
entsteht die Frage, auf wem die schwerere Verantwortung ruht?
Ob auf den Trägern der Autorität oder auf dem, welcher, um
das unzweifelhaft Aechte und Heilsame ans Licht zu bringen und
zu retten, diese Autorität verwirft? Wollten wir uns heraus=
nehmen, über diese Frage zu entscheiden, so würden wir die
Grenze menschlicher Einsicht und Berechtigung überschreiten.
Während alle Christen die eingetretene Spaltung als unheilvoll
zu beklagen Ursache haben, sollten doch zugleich Alle aus der Ge=
schichte und den Thatsachen erkennen, daß die Ursachen der Spal=
tung auf beiden Seiten zu suchen sind und somit die Schuld eine
gemeinsame ist.

Auf den päpstlichen Bann folgte in Bälde die kaiserliche
Vorladung auf den Reichstag nach Worms. Luther ging hin im
April 1521 und war darauf gefaßt, ein Ende zu nehmen wie

Johannes Huß. Aber Karl V., erler als Kaiser Sigismund, hielt ihm das versprochene sichere Geleite. Die Reichsacht folgte, wer ihn fand, durfte ihn tödten. Da verschwand Luther für eine Zeit lang, indem sein Churfürst Friedrich ihn auf der Wartburg verborgen hielt. Seine Freunde, unter diesen auch Albrecht Dürer, beklagten ihn als todt. Der Aufenthalt dort in der Stille war für ihn eine Zeit der Läuterung und der Beruhigung. Indem er aus der Verborgenheit wieder hervortritt, sehen wir ihn in einer neuen, durch die Zeitereignisse geforderten Thätigkeit, und diese war zügelnd, mäßigend und conservativ.

Durch die Begebenheiten dieser vier Jahre 1517—21 waren alle nach Befreiung verlangenden Elemente des deutschen Reiches in Bewegung gekommen, denn es war allenthalben genug entzündlicher Stoff aufgehäuft, als von Wittenberg aus die Funken sprühten. Die wunderbare Kühnheit dieses Mannes, welcher sich nicht vor dem Bann des Papstes und nicht vor der Acht des Kaisers fürchtete, welcher den beiden höchsten Mächten der Erde trotzte, mußte begeisternd wirken. Seine Aufforderung zur Tilgung der Mißbräuche mußte allen redlichen Menschen als wohlbegründet einleuchten; seine Lehre von der Freiheit eines Christenmenschen mußte allen, die durch Menschengebote im Gewissen beschwert waren, als eine rechtmäßige innere Befreiung willkommen sein. Doch nicht nur die christlich Gesinnten, welchen es um Reinigung der Kirche und um Förderung des religiösen Sinnes zu thun war, fühlten sich zu Luther hingezogen; auch die Patrioten, die auf eine Erhebung der Nation warteten, alle, die sich in ihrem äußeren Dasein gedrückt fühlten, und auch die, welche nach Umsturz begierig waren, glühten von Sympathie für Luther und für seine zum Theil verkehrt aufgefaßten Ideen. Es ging ein geistiger Sturm über Deutschland, die Meinung verbreitete sich, das Jahr der Befreiung sei gekommen, der rechte Mann sei

gefunden. So entstanden Bewegungen, bei denen man sich auf
Luther berief, wiewohl er nicht damit einverstanden war, und für
ihn erwuchs nun die schwierige Aufgabe, solchen Ausschreitungen
hemmend entgegen zu treten. Die gefährlichen Tendenzen zeigten
sich bei den Bilderstürmern, in der großen Ritterfehde und im
Bauernkriege; gegen diese alle, endlich auch gegen die von den
Schweizern eingeschlagene reformatorische Richtung mußte Luther
in die Schranken treten.

In Wittenberg hatte er die Universität und die Bürgerschaft
auf seiner Seite. Nun trat in seiner Abwesenheit sein Collega
Karlstadt (früher ein streng orthodoxer Anhänger des Thomas von
Aquinum) als ein verwegener Neuerer an die Spitze. Augustiner-
mönche verließen das Kloster, Priester heiratheten, Studenten hin-
derten die Feier der stillen Messe mit Gewalt. Karlstadt änderte
um Weihnachten 1521 den ganzen Gottesdienst. Die Sache
wurde dadurch noch gefährlicher, daß dieser seltsame Mann dem
Einfluß der falschen Propheten aus Zwickau anheimfiel. In diesen
waren die verkehrten Vorstellungen der alten böhmischen Taboriten wieder aufgewacht. Sie kündigten unter dem Wahne un-
mittelbarer göttlicher Eingebung der ganzen kirchlichen und bürgerlichen Ordnung den Krieg an. Sie fanden Eingang in Wittenberg. Sie verwarfen die Kindertaufe. Sie gaben vor, der
Geist in ihnen sei nicht gebunden an die Schrift. Die Gemeinde
sollte sich selbst helfen; Gelehrte und Schulen sollten nicht mehr
sein. Von diesen Menschen wurde die erste Bilderzerstörung ins
Werk gesetzt. Melanchthon und selbst der Churfürst Friedrich zeigte
sich gegen dieses Unwesen zu schwach. Karlstadt, der vor 9 Jahren
als Decan der theologischen Facultät Luther promovirt hatte,
ließ sich so weit hinreißen, daß er Bauer wurde, Gänse zu Markte
trug und nicht mehr Doktor Karlstadt, sondern Nachbar Andres
heißen wollte.

Als Luther von den Vorgängen in Wittenberg hörte, welche die von ihm vertretene Sache mit Schmach bedeckten und sein Werk mit Verderben bedrohten, konnte er sich nicht mehr zurück= halten. Er verließ auf eigene Verantwortung die Wartburg und kehrte an seine Stelle in die Stadt zurück. Er meldete diesen Entschluß seinem Churfürsten mit den Worten: „Ich komme gen Wittenberg in einem gar viel höheren Schutz. Ich hab's auch nicht im Sinn, von Euer churfürstlichen Gnaden Schutz zu be= gehren. Ja, ich wollte Euer churfürstliche Gnaden mehr schützen, als sie mich schützen könnte. Sogar wenn ich wüßte, daß mich Euer churfürstliche Gnaden schützen könnte und wollte, so wollte ich nicht kommen; dieser Sache kann kein Schwert rathen oder helfen, Gott muß hier allein schaffen ohne alles menschliche Zuthun. Darum wer am meisten glaubt, der wird hier am meisten schützen." Durch die Macht seines Wortes stellte er in Wittenberg die Ord= nung wieder her; durch sieben gewaltige Predigten führte er die Stadt und die Universität zur Besonnenheit zurück.

Sein Auftreten in Worms war kühn, doch hat man, um den Eindruck seines Heldenmuthes, den er vor Kaiser und Reich be= wies, abzuschwächen, gesagt, er hatte damals die Ritterschaft hinter sich, diese war bereit, ihn, wenn er an seinem Bekenntniß fest hielt, zu schützen, und würde sich, wenn er sich nachgiebig gezeigt hätte, an ihm vergriffen haben. Gegen diese Verkleinerung seines Charakters ist zu erinnern: es gehört Muth dazu, einem Des= poten gegenüber festzustehen, aber noch mehr Muth erfordert es, gegen den Strom der öffentlichen Meinung zu schwimmen und ohne materielle Macht gegen eine aufgeregte Volksmenge für das Recht einzustehen. Diese Prüfung hat Luther bestanden, als er ohne eine menschliche Stütze, im reinen Vertrauen auf Gott nach Wittenberg zurückkehrte, wo ihn von oben die Reichsacht, von unten die wilde Erregung der Menge bedrohte. Da hat sich seine Seelengröße am glänzendsten bewährt.

In demselben Jahre, August 1522, kam die große Ritter= fehde zum Ausbruch, und es ist nicht zu leugnen, daß Luthers Schrift an den deutschen Adel zu dieser Bewegung mitgewirkt hat. Die unruhige Ritterschaft war ganz sympathisch für ihn gestimmt. Als er nach Worms ging, schrieben Ulrich von Hutten und Franz von Sickingen an ihn, sie boten ihm Schutz an und luden ihn auf die Ebernburg ein. Es war eine gefährliche Zumuthung für ihn. Er hätte sich dadurch mit Männern identificirt, deren Sache politischer Art war und nicht frei von einem revolutionären Ele= ment. Er wäre dadurch in eine Falle gerathen. Aber er wahrte sich seine Unabhängigkeit und die Lauterkeit seiner Sache. Er hatte mit Sickingens Feldzug gegen den Churfürsten von Trier nichts zu thun. Das Unternehmen mißlang. Die erwarteten Zuzüge blieben aus, die Fürsten hielten gegen die Ritter zusam= men. Sickingen fiel im Kampfe 1523 und Hutten starb als Flüchtling in der Schweiz.

Viel gefährlicher in jeder Hinsicht war der Bauernkrieg. Das Feuer brach im Sommer 1524 an den Gränzen der Schweiz, in Waldshut aus. Dann im Allgäu, im Schwarzwald, in Wür= temberg, Franken, Hessen und Westphalen, im Harz und in Thü= ringen, anderseits in Tirol und Oesterreich. Es war eine Volks= erhebung, so verbreitet und so stürmisch, wie man in Deutschland weder vorher, noch nachher eine gesehen hat. In den zwölf Ar= tikeln der Bauernschaft finden sich wohlbegründete Beschwerden mit übertriebenen Forderungen vermischt. Sie verlangten Freiheit der Jagd und der Holzung, Abschaffung neuer Frohnden und der grausamen Strafen. Sie wollten zwar den Zehnten vom Getreide noch geben, aber sonst keinen; sie wollten nicht mehr leibeigen sein; sie verlangten das Recht, ihre Prediger, und zwar luthe=

rische Prediger anstatt der ihnen verhaßten reichen geistlichen Herren, selbst zu wählen. Die Brüderlichkeit und Gleichheit, welche sie anstrebten, erinnert an die Ideale der französischen Revolution. Mehrere der kleineren Reichsstädte traten der Sache der Bauern bei, und viele von den adeligen und geistlichen Herren gaben im ersten Schrecken den wilden, aufgeregten Schaaren alles nach. Luther war überzeugt, daß eine solche Volkserhebung nicht ohne ernste und gerechte Ursachen ins Leben tritt. Er hatte ein Herz für die Unterdrückten, er mahnte zum Frieden und empfahl Abstellung eines Theils der Beschwerden. Aber ehe man sich es versah, ließen sich die Bauern zu blutigen Thaten hinreißen. Bei Weinsberg wurde Graf Helfenstein vor den Augen seiner Frau unter Schalmeienmusik in die Spieße der Bauern gejagt. Auf diese Nachricht hin sagte sich Luther von ihnen los. Da schrieb er sein schreckliches Buch: Wider die räuberischen und mörderischen Bauern. (Die Originalhandschrift befindet sich auf der Staats= bibliothek in München.) Jetzt gelte es an ihnen das Zorngericht zu erfüllen. Dieß geschah. Die Fürsten mit ihren wohlbewaff= neten Landsknechten und ihrem schweren Geschütz waren den un= gezügelten Bauernhaufen weit überlegen. Am schlimmsten stand es in der thüringischen Ebene, wo ein falscher Prophet, der ehe= malige Pfarrer Thomas Müntzer, an die Spitze der Bauern getreten war, ein Charakter wie die großen Revolutionsmänner von 1793, Danton oder Marat, noch dazu gerüstet mit Worten des alten Testaments und erfüllt mit dem Wahn, ein Gesandter des Himmels zu sein, um die Fürsten zu stürzen, alle Gottlosen mit dem Schwert auszurotten, das große Jubeljahr einzuführen und das Reich der Gerechtigkeit auf Erden zu errichten. Vor dem Kampfe bei Frankenhausen versprach er den Bauern, mit seinem Mantel die Kugeln der Feinde aufzufangen, und wies ihnen den Regenbogen am Himmel als ein von Gott gegebenes

Vorzeichen des Sieges. Aber wie in der Junischlacht 1848 zu
Paris der Arbeiterstand niedergeschmettert wurde, ähnlich wurde
in den Tagen des Bauernkriegs die große socialistische Erhebung
des vierten Standes in Blut erstickt. Man hat nicht mit Unrecht jene Jahre die Revolutionsperiode Deutschlands genannt.

Einen anderen Kampf, der nur mit geistigen Waffen geführt wurde, hatte Luther um dieselbe Zeit gegen die Schweizer
Reformatoren auf sich genommen. Dort war eine zweite Reformation unter Zwingli und Oecolampadius ins Leben getreten.
Es ist bekannt, mit welcher Entschiedenheit Luther diese Männer
bekämpft hat. Fragen wir nach der Ursache, so ist die Antwort:
er hielt sie für geistesverwandt mit Karlstadt und Thomas
Münzer. Wirklich trafen sie in zwei Punkten mit jenen gefährlichen Menschen zusammen, nämlich in der Bilderzerstörung und
in der Verneinung der alten christlichen Lehre von den Sacra-
menten. Indessen beschränkt sich die Uebereinstimmung auf diese
beiden Momente, im Uebrigen zeigt sich die Verschiedenheit der
schweizerischen Geistesrichtung von der falschen Mystik, durch
welche die Unruhen in Wittenberg und Thüringen angestiftet
worden waren. Denn in der That beruht das Einseitige und
Tadelhafte der Lehre Zwingli's darauf, daß er mit einem Fuße
in dem Kreise der falschen humanistischen Aufklärung stand, daß
er sich zu viel von dem trockenen Verstande leiten ließ, daß er
nicht in die tiefe Auffassung des Erlösungswerkes wie Luther ein-
gedrungen war, daß er der ächt christlichen Mystik fremd blieb.
Gerade durch ihren einseitig rationalen Charakter übten die
Zwinglischen Lehren große Anziehungskraft, und als diese Strömung in Deutschland einbrach, war es Luther, und zwar er
allein, der die ganze Macht seines Ansehens daran setzte, diese
Strömung zu hemmen.

Vergleichen wir den Gang der deutschen Reformation mit

rem Gang, den die Reformation in England genommen hat, so
bemerken wir hier wie dort dieselben beiden Hauptmomente,
erst die Entfesselung, dann die Hemmung. Aber zugleich zeigt
sich ein gewaltiger Unterschied: in England war es ein grausamer
König, der mit Hülfe seines Parlaments durch Gesetze, durch
Inquisition und Todesstrafen erst den Gang der Dinge in Be=
wegung bringt und dann wieder den Stillstand gebietet. Er
gebietet die Ablösung vom Papstthum und läßt die treuen An=
hänger des Papstes enthaupten; dann thut er Einhalt und läßt
diejenigen, die ihm in der Abweichung von der päpstlichen Lehre
zu weit gehen, verbrennen. In der deutschen Reformation da=
gegen sehen wir einen Mann, der dieselbe zweifache Arbeit, der
Befreiung und dann der Mäßigung, ausrichtet, aber nicht mit
Feuer und Schwert, sondern mit der Macht des Wortes, auf
dem Wege der Ueberzeugung, durch den Einfluß seiner persön=
lichen Würde, im Vertrauen auf Gott. Luther erscheint uns
gewaltig in seiner zerstörenden Thätigkeit, aber noch größer und
ehrwürdiger steht er da in seinem erhaltenden Bestreben. Durch
dieses hat er, im Unterschied von den schweizerischen und fran=
zösischen Reformatoren, für seine Kirchenpartei ein reicheres Maß
von alten christlichen Wahrheiten gerettet und ihr eine vermit=
telnde Stellung zwischen den extremen Richtungen angewiesen.

Es war eine harte Aufgabe, den ausgebrochenen Sturm
zu beschwören und die deutsche Reformation im Geleise der
Mäßigung zu erhalten. Aber es wurde durch die Macht der
Ereignisse noch eine andere schwere Bürde auf Luther gewälzt.
Gerade durch die Größe seiner Erfolge entstand für ihn die
drückendste Last. Ganze Länder fielen seiner Lehre zu, innerhalb
des Reiches Sachsen, Hessen, Würtemberg, die Reichsstädte fast
alle; außerhalb des Reiches das Herzogthum Preußen und die
Länder des scandinavischen Nordens. Nun galt es für die pro=

testantisch gewordenen Territorien eine neue Kirchenordnung zu schaffen und ein Kirchenregiment. Auf den Beitritt der Bischöfe hatte man nicht gewartet und das canonische Recht war beseitigt. Doch mußte der Gottesdienst geordnet, die Disciplin festgestellt und eine Autorität aufgerichtet werden, welche über die Geistlichen zu wachen und für die Aufrechthaltung der angenommenen evangelischen Lehre zu sorgen hatte. Damit war eine Aufgabe gestellt, die das Maß der Einsicht und Kraft eines einzelnen Mannes überstieg, eine Arbeit fast ebenso schwierig, wie die erste Gründung der Kirche. Hiezu war ein Auftrag vom Himmel und eine Ausrüstung nothwendig, welche den Reformatoren, wie sie selbst fühlten, nicht im vollen Maße innewohnte. Bei der Verkündigung der evangelischen Lehre konnte sich Luther auf seinen Beruf als Geistlicher und als Doktor der heiligen Schrift stützen; was er in dieser Richtung durch seine erbaulichen Schriften und durch seine Kirchenlieder geleistet hat, ist von unvergänglichem Werth und verdient Anerkennung auch von Seiten der Katholiken. Anders aber verhielt es sich, wenn es galt, Kirchengesetze zu schaffen, Bischöfe einzusetzen, den christlichen Cultus zu ordnen: hiefür reichte der Beruf eines Presbyter und eines Lehrers der Theologie nicht aus. Hieraus entspringt die Schwäche des lutherischen Kirchenwesens. Luther selbst sah in den protestantischen Kirchenordnungen nur ein Nothwerk, und noch tiefer empfand Melanchthon die Gebrechen der neuen kirchlichen Ordnung. Er wünschte bei den Verhandlungen zu Augsburg 1530, wenn es möglich wäre, die bischöfliche Verwaltung wieder hergestellt zu sehen, und als Luther in den Schmalkaldischen Artikeln (1537) den Papst auf's Neue für den Antichrist erklärt hatte, setzte Melanchthon die Verwahrung hinzu: Wenn der Papst die Verkündigung der evangelischen Lehre zulasse, sollte man sich seiner Leitung unterwerfen.

Versuchen wir Luthers Bedeutung als Politiker und Patriot zu würdigen, so muß vor allem daran erinnert werden, mit welcher Klarheit und mit wie großem Erfolg er den Grundsatz der Unterscheidung des geistlichen und des weltlichen Gebietes vertreten hat. Auch diejenigen, welche das Mittelalter in jeder anderen Hinsicht bewundern, müssen doch zugestehen, daß das Ueberwiegen der geistlichen Gewalt und ihre Eingriffe auf das weltliche Gebiet vom Uebel waren. Die Selbstständigkeit der weltlichen Macht, welche ihr Dasein und ihre Berechtigung nicht von dem Willen oder der Zustimmung der Geistlichkeit herleitet, und das Bewußtsein eines durchgreifenden Unterschiedes zwischen dem bürgerlichen und dem religiösen Gebiete ist ein Gemeingut der neueren Zeit geworden und gilt in katholischen Ländern für ebenso ausgemacht, wie in protestantischen. Diese Unterscheidung ist die nothwendige Voraussetzung der bürgerlichen Freiheit. Der Grundsatz ist von Niemand so bestimmt ausgesprochen worden, als von Luther. Wohl hat es an der rechten Durchführung noch gefehlt und es sind Einseitigkeiten und Uebel anderer Art ins Leben getreten, aber diese sind mehr auf die Gewalt der Umstände, als auf die Absichten Luthers zurückzuführen. Der Anfang einer Auseinandersetzung wurde gemacht und alsbald zeigten sich wohlthätige Folgen des von Luther vertretenen Grundsatzes. Hiezu gehören vor allem die Anfänge der Toleranz. Es ist wohl bekannt, daß die lutherischen Fürsten, so wenig als die katholischen daran dachten, in ihrem Lande Cultusfreiheit für anders denkende Christen zu gestatten. Doch wurde der Inquisition und der Verfolgung bis zu einem gewissen Grade der Abschied gegeben. Johannes von Müller sagt richtig: „Luther verdammte seine Gegner, aber er verfolgte sie nicht." Er wollte kein inquisitorisches Verfahren, und wenn Irrlehrer, oder solche, die er für Irrlehrer hielt, ohne Beruf auftraten und Unruhe stifteten, so war die Strafe, die

Thiersch, Skizzen. 4

er für sie verlangte, nur Verbannung. So weit zu gehen, hielt
er für eine Pflicht christlicher Fürsten, weil es zu ihren Obliegen=
heiten gehöre, das Volk bei dem Bestande des wahren christlichen
Cultus zu schützen. Aber anderseits hatte er richtig erkannt, daß
Christus keinen erzwungenen und nur äußerlichen Dienst haben
will, daß es also gegen den Sinn Christi ist, Jemand durch die
Schrecken der Leibes= und Lebensstrafen zur Betheiligung an dem
christlichen Gottesdienst zu zwingen.

Dieselbe Unterscheidung des geistlichen und des weltlichen
Gebietes ist es, worauf sich Luthers Ansicht über die Nothwehr
gründet. Die schwierige Frage, in wie weit dem Einzelnen Noth=
wehr erlaubt sei, suchte er auf diese Weise zu lösen: Wenn er
wegen des christlichen Bekenntnisses bedroht und überfallen würde,
so müsse er dulden, wie die Märtyrer der alten Zeit; würde er
aber sonst von Räubern und Mördern angegriffen, so wolle er sich
wehren und mit dem Schwert für seinen Fürsten einstehen, ihm
helfen, seine Unterthanen zu schützen und sein Land rein zu halten.

Der Obrigkeit gegenüber ging er anfangs zu weit mit der
Lehre von dem duldenden Gehorsam. Er hielt damals Wider=
stand unter keiner Bedingung erlaubt. Später sagte er, und
zwar mit Recht, es sei dieß eine Frage für die Juristen, nicht für
die Theologen, mit andern Worten, es kann hierüber nicht aus
allgemeinen Grundsätzen entschieden werden, sondern es kommt
auf die verschiedenen bestehenden Rechtsverhältnisse an. Zuletzt
räumte er, wiewohl zögernd, ein, daß sich die Fürsten im Falle der
Noth dem Kaiser widersetzen dürfen; doch wendete er zu gleicher
Zeit seinen ganzen Einfluß gegen solche Entwürfe, zu denen
besonders der Landgraf Philipp von Hessen geneigt war. Luther
war es hauptsächlich, der bewirkte, daß es bei seinen Lebzeiten zu
keinem Kriege der protestantischen Fürsten gegen den Kaiser kam.
Erst nach seinem Tode brach der schmalkaldische Krieg aus.

Man hat gesagt, daß er in der Vertheidigung der Fürsten=
rechte gegen die Unterthanen zu weit gegangen. Die stärksten
Beweise für diese Beschuldigung glaubt man in seinem Buche
gegen die Bauern zu finden; aber man darf nicht vergessen, daß
er hiezu durch die von den Bauern verübten Mordthaten ver=
anlaßt wurde und durch die ungeheure Gefahr, womit er die ganze
bürgerliche Ordnung bedroht sah, nachdem jene rauhen Schaaren
Blut gekostet hatten, und zum Bewußtsein ihrer Macht und
Ueberlegenheit erwacht waren. Da mochte ihm die Anwendung
furchtbarer Strenge von Seite der Fürsten nicht allein als Gebot
der Gerechtigkeit, sondern auch der Klugheit erscheinen, damit der
Aufruhr so rasch wie möglich niedergeschmettert und die Gesell=
schaft mit unabsehbaren Erschütterungen und Kämpfen verschont
werde. Die Härte seiner Ausdrucksweise gegen die rebellischen
Bauern bleibt entsetzlich. Doch ist sie nicht auf seine Rechnung
allein zu schreiben, sondern mit der Härte und Grausamkeit des
ganzen Zeitalters in Verbindung zu bringen. Wenn in unserer
Zeit ein Monarchist die Fürsten im Fall einer Revolution auf
solche Weise zur schonungslosen Anwendung der Gewalt auffor=
derte, würde man ihn mit Recht verabscheuen. Wie weit jene
Zeit von der Humanität entfernt war, davon ist Karls V. pein=
liche Halsgerichtsordnung ein trauriges Denkmal. Auf Grund
jener Gesetzgebung wurde der Diebstahl mit dem Tode bestraft,
die Menschlichkeit, die Würde des Menschen und das Recht des
Bürgers durch Anwendung der Tortur mißhandelt, die Todes=
strafe wurde durch Handabhauen, Zungenausreißen, Anwendung
glühender Zangen verschärft. Es ist ein Vorwurf gegen die Re=
formation, daß sie diesen Greueln nicht entgegengetreten ist und
daß erst die Aufklärung des 18. Jahrhunderts auf diesem Gebiet
die Forderungen der Vernunft und des Christenthums zur Gel=
tung gebracht hat.

4 *

Aber welcher Tadel Luther wegen seiner Schrift gegen die
Bauern treffen mag, ein Vorwurf ist gewiß unbegründet, nämlich
der des Servilismus. Was er schrieb, das hat er nicht als ein
schlauer, selbstsüchtiger Fürstenknecht, nicht mit der Absicht, sich
bei den Gewaltigen einzuschmeicheln, geschrieben. Niemand hat
größere Freimüthigkeit gegen die Fürsten bewiesen. Während er
die Rebellion verdammte, behielt er das Recht der Freiheit der
Rede vor. Sein Grundsatz war: dulden soll man das Unrecht
der Obrigkeit, aber nicht loben. Nie ist von der Freiheit der
Presse ein kühnerer Gebrauch gemacht worden, als durch Luther.
Das Lasterleben der Höfe hat er in einer Weise gerügt, welche in
späterer Zeit nicht dem hundertsten Theile nach zulässig gefunden
wurde. Er schonte die Despoten nicht; dies erfuhren Graf
Albrecht von Mansfeld, König Heinrich von England und der
Herzog Heinrich von Braunschweig. Als die sächsischen Fürsten
unter sich in eine Fehde geriethen, schalt er sie als trunkene
Bauern, die sich über einem zerbrochenen Glase schlagen.

Seine Gesinnung gegen Kaiser und Reich war loyal. Nie
verletzte er die Ehrfurcht gegen Karl V. So lebendig war in
ihm die Tradition von dem festgegründeten altehrwürdigen Reich.
Er hielt darauf, daß unter seinen Tischgenossen nicht anders als
mit Ehrerbietung von dem Kaiser gesprochen wurde. Er hatte
als Patriot ein deutliches Bewußtsein davon, welche Folgen die
Abschwächung der kaiserlichen Gewalt nach sich ziehen würde.
„Wenn Deutschland Einen Herrn hätte, würde es Niemand zwingen." Ein merkwürdiges Zeugniß seiner loyalen und deutschen
Gesinnung ist sein Verhalten bei den Unterhandlungen über den
Nürnberger Religionsfrieden von 1532. Die Lage des Kaisers
war in jenem Augenblick gefährdet, so daß die protestantischen
Fürsten große Forderungen zu Gunsten ihres Bekenntnisses hätten
durchsetzen können. Luther war es, der sie bestimmte, nicht weiter

zu gehen, sondern mit der ihnen angebotenen Duldung zufrieden
zu sein. Dieß gebot ihm die vaterländische Gesinnung, denn er
sah das Reich von zwei Seiten bedroht. Bereits hatten einige
Reichsfürsten am 26. Mai 1532 in dem Kloster Scheyern bei
München ein Bündniß mit dem König von Frankreich geschlossen
und zu gleicher Zeit stand ein Angriff der Türken in Aussicht.
Die Fürsten verzichteten nach Luthers Rath auf die Gelegenheit
zur weiteren Ausbreitung des Protestantismus, um die Treue
gegen Kaiser und Reich nicht zu verletzen. Er, dessen Stimme sie
wie ein Orakel beachteten, bestimmte sie, unpolitisch, aber im
Sinne deutscher Treue zu handeln. Ein Verrath, wie ihn Moritz
von Sachsen begangen hat, der den Kaiser plötzlich überfiel, mit
Heinrich II. von Frankreich im Einverständniß war und diesem
zur Eroberung von Metz, Toul und Verdun verhalf, war erst nach
Luthers Tode möglich.

Es sind zwei große politische Uebel, für welche man Luther
verantwortlich machen will: die Aufrichtung einer unumschränkten
Fürstengewalt auf deutschem Boden und die Auflösung der Einheit des Reiches. Es ist unverkennbar, daß diese nachtheiligen
Entwickelungen im Zusammenhang mit der Reformation statt-
gefunden haben. Durch die Erschütterungen der geistlichen Gewalt erstarkten die weltlichen Fürsten. Die protestantischen maßten
sich noch dazu die Kirchenhoheit an und übten in ihren Territorien
einen ebenso schädlichen Einfluß auf die geistlichen Angelegenheiten,
wie ihn früher das Papstthum im Großen auf die politischen
Dinge Europa's geübt hatte; die protestantische Fürstenmacht
entwickelte sich als ein Gegenstück der Papstgewalt, eine Miß-
gestalt, die man später bezeichnender Weise Apap genannt hat.
Auch die katholischen Reichsfürsten ergriffen die Gelegenheit, ihre
Befugnisse zu erweitern, ihre Stellung als Lehensmänner des
Kaisers zu verleugnen, sich als Souveräne hinzustellen und zu-

gleich nach unten als Unterdrücker der ständischen Rechte sich gel=
tend zu machen. Doch hatte dieser traurige Entwicklungsgang
tiefere und ältere Ursachen. Die Unumschränktheit der Terri=
torialfürsten in Deutschland, die am Ende des 17. Jahrhunderts
zur Reife kam, war die Frucht eines sechshundertjährigen Prozesses,
der längst vor Luther begonnen hatte, der zwar durch Luthers
Wirken beschleunigt wurde, aber dieß ist ohne Luthers Absicht und
gegen seine Absicht geschehen.

Betrachten wir Luther nach seinen Leistungen als volks=
thümlicher Schriftsteller, so läßt sich innerhalb der 30 bis 40 Jahre
seiner öffentlichen Thätigkeit ein außerordentlicher Fortschritt der
deutschen Literatur bemerken, der zum großen Theil durch ihn
begründet und eingeführt worden ist. Seine ersten deutschen
Schriften zeigen noch eine merkwürdige Unbeholfenheit der Sprache.
Die einheimische Literatur war heruntergekommen. Die Blüthe=
zeit der mittelhochdeutschen Poesie unter den Hohenstaufen war
längst verschwunden, und nicht nur dieß, die edlen Erzeugnisse jener
Periode, das Nibelungenlied, die Gedichte Wolframs von Eschen=
bach und Walters von der Vogelweide waren vergessen. Gegen
jene Dichter waren die Meistersänger des 15. Jahrhunderts nur
kümmerliche Epigonen, Pfinzings Gedicht Theuerdank ist dürftig
und geschmacklos. Durch das Uebergewicht der lateinischen Sprache
war die deutsche Prosa verkümmert und erst mit Luther erblühte
eine achtungswürdige neuhochdeutsche Literatur. Es ist zu viel
gesagt, daß er den Dialekt, auf welchem unsere jetzige Schrift=
sprache beruht, zur Geltung gebracht habe. Denn bereits war
von den meisten fürstlichen und städtischen Kanzleien die Schreib=
art der meißnischen Kanzlei angenommen worden, also die ober=
sächsische Mundart, welche eben auch Luthers Muttersprache war.
So redete man in Eisenach und Erfurt. Noch jetzt kann man
dort, wo Thüringen und Franken an einander grenzen, bei

Coburg wahrnehmen, wie genau die Aussprache und Redeweise des Volkes mit unserem Schriftdeutsch übereinstimmt. Betrachten wir das Niedersächsische oder Plattdeutsche einerseits, das Oberdeutsche mit seinen zwei Formen, allemannisch und bajuarisch andererseits, als die beiden Pole, so liegt der thüringische und obersächsische Dialekt nicht allein geographisch in der Mitte zwischen beiden, er stellt auch in seinen Formen das Mittelglied dar und eignete sich eben deswegen am besten zu einer für das ganze Vaterland gemeinsamen Ausdrucksweise. Hiemit ist nichts zum Nachtheil der andern Dialekte gesagt, sie sind an sich ebenso werthvoll und edel; nur die Unwissenheit kann sie gering schätzen. Luther arbeitete sich mit Sorgfalt in den möglichst vollständigen Besitz der Muttersprache hinein. Er befreite seinen Styl mehr und mehr von dem Einfluß des Lateinischen. Er war ein Mann aus dem Volke, er liebte das Volk, er horchte auf den Volksmund und schöpfte aus den reichen Quellen der volksthümlichen Redeweise. Er suchte auch andere Dialekte zu benützen, und nahm bei seiner Bibelübersetzung nicht nur die Gelehrten zu Hülfe, den Melanchthon, der des Griechischen, und Johannes Cruciger, der des Hebräischen vorzüglich kundig war, sondern auch alte Männer aus geringem Stande, von denen er ächt deutsche Ausdrücke erfragte. Seine Anlage zur Beredsamkeit, die er schon als Knabe an den Tag legte, und sein poetischer Genius befähigte ihn zu einem solchen Meisterwerk, wie seine Bibelübersetzung.

Schon vorher waren deutsche Uebertragungen der heiligen Schrift in verschiedenen Ausgaben erschienen, aber diese eine löschte sie so zu sagen alle aus. Sie hat als gelehrtes Erzeugniß manche Unvollkommenheiten. Die englische Uebersetzung, welche durch das Zusammenwirken vieler Kräfte zu Stande kam, und erst zwei Menschenalter nach Luther abgeschlossen wurde, ist viel richtiger und genauer. In den schwierigen Büchern des alten

Testaments, der Propheten und Psalmen, hat Luthers Uebertragung manche auffallende Fehler. An manchen Stellen war
die Dunkelheit des Grundtextes noch nicht aufgehellt, an andern,
wo er den Sinn richtig erkannte, gebrauchte Luther eine weit-
gehende Freiheit der Verdeutschung. Aber selbst da, wo er den
Sinn verfehlte, ist das, was er sagt, meistentheils wahr und schön,
und betrachtet man die Uebersetzung als Ganzes, so muß man
sagen, sie ist so kraftvoll und naiv, so poetisch und volksmäßig,
wie keine vorher und keine nachher. Luthers Umdichtungen der
Psalmen und der lateinischen Hymnen gehören zu den Kleinodien
der deutschen Poesie.

Die Derbheit seiner Streitschriften ist bekanntlich ohne
Gleichen. Unsere Zeit hat nichts der Art aufzuweisen. Ludwig
Jahn ist ihm wohl am nächsten gekommen, auch Heinrich Leo hat
nach dieser Palme gestrebt. Betrachten wir die Sache zuerst von
der ästhetischen Seite, so ist nicht zu verkennen, Luther zeigt sich
als Plebejer und zwar als Plebejer aus dem Mittelalter, wo die
Rede ebenso rauh war, als die That. Er war unter den niederen
Ständen aufgewachsen, und gab den Verkehr mit dem Volke niemals auf. Es wäre weit gefehlt, wenn man die Grobheit seiner
Ausdrucksweise allein auf Rechnung seiner Individualität schreiben wollte. Es war der Styl seines Zeitalters, den er sich an-
eignete, es war der herrschende Geschmack, von dem jetzigen weit
verschieden. Wer dieß leugnen und Luther allein hiefür verantwortlich machen wollte, müßte nie den Thomas Murner („wider
den großen lutherischen Erznarren") oder den etwas späteren
Fischart gelesen haben. Bereits am Ende des folgenden Jahrhunderts hatte Spener Veranlassung zu erinnern: In Luthers
Zeit schrieben die Fürsten an einander in Ausdrücken, wie sie jetzt
(um 1700) die Bauern in der Schenke nicht gebrauchen. Luthers
Schreibart ist mit den derben eckigen Gestalten auf den Hol-z

schnitten derselben Zeit zu vergleichen und mit den craß realistischen Gemälden seines Zeitgenossen Hans Holbein. Luther war nicht der Grobe unter den Feinen, aber das muß man gestehen, er war der Gröbste unter den Groben.

Oft ist in seinen Derbheiten ein urkräftiger und gewissermaßen berechtigter Humor zu erkennen, wie in seiner Antwort auf König Heinrichs VIII. Buch vom Jahr 1522: „Das heißt, mein' ich, Narren geregnet" (wie der König argumentirt). „Es verdreußet mich, daß ich mit solchen wahnsinnigen Gehirnen Zeit und Papier verlieren muß." — „So gar sind die großen Herren gewohnt, daß man ihnen heuchele und schmeichele, daß sie auch fürgeben, der christlich Glaub sei aus, wenn man ihnen die Wahrheit sagt und salzt ihnen ihre garstigen Wunden und Narben." — „Wenn König Heinz auch seines Königreichs hett gewartet oder baß in der Schrift studiret, würde er nicht so tölpisch alfanzen mit Gottes Worten." — „Hans Tölpel, wo bist du in die Schule gangen?" Doch der Humor hat ein Ende, wo Luther seinem Unwillen gegen das entartete Papstthum in den niedrigsten und schlechthin unerlaubten Vergleichungen Luft macht, wie in der kleinen Schrift: „Papsttreu Hadriani IV. und Alexanders III. gegen Kaiser Friedrich Barbarossa geübt", vom Jahre 1545. Wohl hat er einen gerechten Grund zu zürnen (wenn anders die Thatsache geschichtlich ist), daß Alexander III., selbst ein „höllischer Drache und Löwe, Otter und Basiliske", einem christlichen Fürsten auf den Hals tritt; aber wer kann es entschuldigen, daß er diesen Papst nennt: „unflätiger Wanst, fauler Bauch, garstiger Balg, schnöder Sack" und die Päpste insgemein: „lästerliche Buben und Gottesverächter, große grobe Esel, Tölpel, Knebel, Rülze, Filze, Rangen, Klotze, Bloche, unvernünftige Narren, Teufelslarven und Putzen."

Betrachten wir die Sache von der moralischen Seite, so hat

sie eine ernste Bedeutung. Ranke sagt in schonender Weise, bei
Luther sei es wie in der aristophanischen Komödie, wo jede Ab=
weichung von dem Richtigen sogleich als äußerste Verkehrtheit ge=
geißelt wird. Aber so sollte es bei einem christlichen Theologen
nicht sein. Es ist zwar nicht unmöglich, zu zürnen und zu schelten
ohne Versündigung, aber es ist sehr schwer. Es giebt für die
Polemik eine Grenze, welche Paulus bezeichnet hat: „Ein Knecht
des Herrn soll nicht zänkisch sein, sondern freundlich gegen Jeder=
mann, lehrhaftig, duldsam gegen Unbilden, er soll mit Sanftmuth
die Widerspenstigen züchtigen, ob ihnen Gott dermaleinst Sinnes=
änderung gebe, daß sie die Wahrheit erkennen." II. Timotheus II,
24. 25. Hiermit stimmen die maßlosen Ausdrücke nicht überein,
welche Luther über seine Gegner gebraucht. Anstatt Irrthum
und mangelhafte Einsicht neben redlichem Willen bei ihnen vor=
auszusetzen, wiederholt er beständig, daß sie vom Teufel geritten
seien, er beschuldigt sie absichtlicher Verblendung, er legt ihnen
ihr Verhalten als Sünde zum Tode aus. Diese Uebertreibungen
dürften ein Zeichen sein, daß ihm die ruhige Erhabenheit eines
Geistes fehlt, welcher der Richtigkeit seines Handelns und der
Lauterkeit seiner Sache völlig gewiß ist. Sein ganzes Verfahren
ruhte auf der Voraussetzung, daß der Papst der Antichrist sei,
und um seine Stellung zu rechtfertigen, war er getrieben, diese
Voraussetzung stets zu wiederholen und seine Gegner als unver=
besserliche Menschen ohne Hoffnung auf künftige, richtigere Ein=
sicht hinzustellen. Wohl gab es unter diesen solche, die von un=
lauteren Absichten und verwerflichen Beweggründen geleitet
wurden. Aber auch alle diejenigen standen gegen ihn, denen es
Gewissenssache war, die Besserung der kirchlichen Dinge nur
auf gesetzlichem Wege zu suchen und zu erwarten, alle diejenigen,
welche die verderblichen Folgen sahen, die nach Auflösung der
kirchlichen Ordnung drohten. Denn man müßte blind sein, wenn

man auch in der Gegenwart noch nicht einsehen wollte, daß die
Parteien der Reformationszeit in jenen weltbewegenden Kampf
verwickelt waren, in welchem jede Seite ein achtungswürdiges
Feldgeschrei erhebt: Freiheit des Gewissens und Berechtigung
des Einzelnen auf der einen, Autorität, Ordnung und Gehorsam
auf der andern Seite. Wahre Bildung lehrt auch bei dem Gegner
redliche Absicht und aufrichtige Ueberzeugung vorauszusetzen, so
lange bis das Gegentheil deutlich erwiesen ist. Wie die allzu
rasche Handlungsweise Luthers in den Jahren 1520—25, so hat
auch die Härte seines Urtheils und die Heftigkeit seiner Sprache
dazu mitgewirkt, daß der Riß in der Christenheit so bösartig geworden und bis auf diesen Tag unheilbar geblieben ist. Denn
Luther hat sein eigenes Gepräge seinen Anhängern und Nach-
folgern aufgedrückt. Seine Schreibart wurde ein unglückliches
Vorbild für die lutherischen Theologen, welche meinten, schelten
und verdammen sei ein Beweis eines starken Glaubens und einer
guten Sache, darin zeige sich der zelus Lutheri, der heroische
Eifergeist des neuen Elias. Er hat vor allen anderen die
von Melanchthon so schmerzlich beklagte rabies theologorum
befördert. Doch verlangt es die Gerechtigkeit, daß wir bei dem
allen zwei bedeutsame Thatsachen nicht vergessen. Einmal, so groß
wie sein Haß gegen den vermeintlichen Stellvertreter Christi, und
noch größer und feuriger, war seine Liebe zu Christus, seinem Herrn
und Erlöser[7]). Sodann, während er in der Vertheidigung dessen,
was er als Wahrheit erkannt hatte, die härtesten Urtheile über
seine Gegner ausstieß, war er doch auch wieder bereit, persönliche
Beleidigungen zu verzeihen und seinerseits gut zu machen.
Er hat dem König Heinrich abgebeten, er hat dem todtkranken
Dominicaner Tetzel einen Trostbrief gesendet. Er sagt zwar
einmal, bei Rom fließt ein Wässerlein, heißt Tiberis, und man
würde wohl thun, wenn man Papst und Cardinäle darin ersäufte,

aber hätte Jemand wirklich den Papst in den Tiberstrom gewor= fen, so wäre wohl Luther der erste gewesen, ihn herauszuziehen.

Die edlen und liebenswürdigen Seiten seines Charakters haben sich in seinem Privatleben auf das Schönste bewiesen, und seine Widersacher kommen in Verlegenheit, wenn sie ihn als stolzen und halsstarrigen Frevler abgemalt haben und dann zur Schilderung seines Benehmens als Freund und Hausvater über= gehen sollen. Es giebt vielleicht keinen Charakter der Vorzeit, von dessen häuslichem Leben und Benehmen im alltäglichen Ver= kehr wir so vollständige Kenntniß besitzen wie bei Luther. Die Berichte seiner Freunde, seine eigenen Briefe und die von seinen Tischgenossen aufgezeichneten Colloquia oder Tischreden sind hiefür reichhaltige Quellen.

Luthers Verheirathung mit der ehemaligen Nonne Katha= rina von Bora hat begreiflicherweise das größte Aufsehen, Schmähungen, Carrikaturen und verächtliche Urtheile hervor= gerufen. Erasmus drückte sich noch am mildesten aus, als er sagte, die lutherische Tragödie verlaufe nun in eine Komödie. Luther hat durch diesen Schritt denen ein Beispiel gegeben, welche von geleisteten Versprechungen und Gelübden sich selbst dispen= siren. Es bleibt eine schwierige Frage, ob und unter welchen Umständen so etwas statthaft sei, jedoch während man dieß gegen seine Ehe einwenden kann, müssen alle anderweitigen Vorwürfe gegen dieselbe entschieden zurückgewiesen werden. Er hatte sich im Cölibat bis in das Alter von 42 Jahren untadelig bewährt. Er handelte mit Ueberlegung, er wurde nicht von einer verblen= denden Leidenschaft hingerissen, er war in besonders ernster Stimmung voll Todesgedanken. Was ihn bestimmte, war der Wunsch seines alten Vaters (der erst 1531 starb), er wollte den bei der Ablegung der Mönchsgelübde gegen ihn begangenen Un= gehorsam gut machen; sodann die Ueberzeugung, jeder Mann

solle von Gottes und Rechts wegen in diesem Stande befunden
werden; endlich und vor allem die Absicht, mit der That gegen
die Vorurtheile der Zeit zu protestiren. Er sah einen Haupttheil
seiner Aufgabe darin, die Würde und Reinheit des Familien=
lebens, welche durch falsche klösterliche Ideen und Legenden ver=
dunkelt war, wieder zur Anerkennung zu bringen. Wohl mag
er nicht genug anerkannt haben, daß es Gemüther giebt, die
wirklich zum Cölibat berufen sind und in demselben ihre Bestim=
mung als Christen und als Diener Christi erfüllen können. Aber
er hatte Recht, indem er lehrte, daß christliche Tugend und Lau=
terkeit auch im weltlichen Beruf und im ehelichen Stande bewiesen
werden kann und soll. Er hatte Recht gegen Alle, welche den
Eintritt ins Kloster die Bekehrung, und die Mönchsgelübde eine
zweite Taufe nannten. Er haßte die Geringschätzung gegen die
Frauen, welche sich bei den alten heidnischen Philosophen und
Poeten und dann wieder bei den Geistlichen jener Zeit fand und
die sich überall wieder einschleichen wird, wo man den ehelosen
Stand als den vollkommenen preist. Er hat viel Treffliches über
die Würde und Tugend der Frauen gesagt und er hat Bahn ge=
brochen für die rechte Würdigung und festere Begründung eines
christlichen und ächt deutschen Familienlebens. Vergleicht man
die Haltung der gebildeten Stände in den protestantischen oder
gemischten Ländern mit der Haltung in jenen Ländern, wo der
Protestantismus gänzlich ausgeschlossen geblieben ist, und fragt
man, wo der sittliche Ton und die sittliche Bildung höher stehe,
so wird das Urtheil wohl nicht zu Ungunsten des Lutherthums
ausfallen.

In den Tischreden kommen plumpe Aeußerungen vor, welche
jetzt das Ohr der Gebildeten nicht vertragen würde, man nannte
damals natürliche Dinge beim rechten Namen, doch ist dieß kein
Beweis von Unreinheit der Seele. Der überwiegende Inhalt dieser

Gespräche ist theils erbaulich, theils durch Mutterwitz ergötzlich, und es fragt sich sehr, wenn wir von Kirchenfürsten oder Theologen der Gegenpartei aus derselben Zeit ebenso vollständige Aufzeichnungen ihrer alltäglichen Reden hätten, ob der Gesammteindruck ebenso günstig sein würde. Man darf daneben ein anderes Denkmal seines häuslichen Daseins nicht übersehen. Er fand es nöthig, an den Sonntagen seine Familie, seine Kostgänger und sein Hausgesinde zu unterrichten und er improvisirte zu diesem Zweck in der Regel eine Predigt über das Evangelium des Tages. Diese Predigten hat sein Hausgenosse Veit Dietrich von Nürnberg nachgeschrieben und unter dem Titel „Luthers Hauspostille" herausgegeben. Dieses Buch ist der sicherste und vollgültigste Beweis dafür, daß ein guter Geist in diesem Hause waltete.

Seine Aeußerungen bei dem Tode seiner Tochter Magdalena sind ergreifend. Nie ist das Zartgefühl eines christlichen Vaterherzens edler ausgesprochen worden. Ueber seine Frau verbreiteten klatschhafte Zungen, sie sei stolz, sie sei geizig u. s. w. Wohl hat er einmal im Scherz gesagt: „Wenn ich wiederum sollte freien, wollte ich mir ein gehorsames Weib von Stein aushauen, ich verzweifle an aller Weiber Gehorsam." Aber wo er im Ernste redet, in seinem Testament, giebt er ihr ein schönes Zeugniß; sie war eine treffliche Gattin und Mutter.

Sein geselliges Leben war ungeachtet der unermeßlichen Arbeitslast und Sorge, die auf ihm lag, merkwürdig heiter. Zwar mitunter saß er schweigend bei Tische und hielt sein altes Kloster-Silentium. Gewöhnlich aber war er reich an Scherzen mit seinen Kindern und mit seinen Gästen. Er zeigte sich vor Fremden mit Absicht schalkhaft und derb, denn er wollte nicht als ein absonderlicher Heiliger angestaunt werden. Heuchler hängen fromme Gefühle heraus, die sie nicht im Herzen haben. Luther

war ein umgekehrter Heuchler. Er verbarg seine religiösen Ge=
fühle, er wollte weniger ernst und gewissenhaft scheinen als er
wirklich war. Auch bei Commercen der Studenten hat er sich
eingefunden und sogar das sogenannte Fuchsenbrennen mitge=
macht. In seiner Gastfreiheit und Mildthätigkeit kannte er keine
Grenzen. So wurde er denn auch oft von falschen Brüdern be=
trogen. Einmal, da seine Frau in Wochen lag, kam er, um einem
Bettler zu helfen, ihr über das Pathengeld der Kinder. Groß=
artig war seine Uneigennützigkeit. Für seine Vorlesungen, für
alle seine Bücher nahm er kein Honorar, auch wenn es ihm an=
geboten wurde. Wäre er und seine Familie von Seiten der Buch=
händler so honorirt worden, wie es jetzt üblich ist, allein durch
die Bibelübersetzung (nichts zu sagen von den 20 Quartbänden
seiner Schriften in der Walch'schen Ausgabe) hätte das Haus
Luther ein Haus Rothschild werden können. Der Kurfürst über=
ließ ihm das leere Augustinerkloster, aber die Reparaturkosten
betrugen mehr, als die Wohnung werth war. Mitunter verkaufte
oder versetzte er werthvolle Geräthschaften. Es wurde ihm schwer,
ein Darlehen von 50 Gulden zu bekommen. Sein Kurfürst
schenkte ihm einen schwarzen Rock; er fand in seiner Bescheiden=
heit das Tuch zu schön. Wie viel Besoldung er als Professor
hatte, weiß man nicht, wohl nicht mehr, als Melanchthon, der
300 Gulden bezog; das Geld hatte damals ungefähr den zehn=
fachen Werth von dem jetzigen.

Luther starb arm. Der Mann, den ganze Völker als ihren
geistigen Wohlthäter ansahen, den so viele Fürsten und die reichsten
Städte Europa's wie ein Orakel befragten, hinterließ seine Fa=
milie in Dürftigkeit. Er hatte ein Haus in der Stadt und ein
kleines Bauerngut auf dem Lande, aber es waren Schulden
darauf. Seine Wittwe hatte mitunter nicht Brod für die Kinder,
und um leben zu können, zog sie mit ihnen auf das Bauerngut;

in solcher Lage starb sie 1552. Hierin liegt ein schwerer Vor=
wurf für seine Anhänger, aber noch größer ist der Nachruhm
für ihn.

Luther hatte mehrmals heftige Seelenleiden, besonders im
Jahr 1527 und dann wieder gegen Ende seines Lebens. Jenes=
mal wurde er vor Kummer wie todt. Sein Freund Justus Jonas
hat jene schwere Anfechtung beschrieben. Es war der Schmerz
über die üblen Ereignisse, die sich an sein Werk angeschlossen
hatten. „Das alles hast du angerichtet mit deiner Lehre: das
Aufkommen der Rottengeister, das Blutvergießen im Bauern=
krieg" — dieß mußte er von vielen Seiten hören, solche Gedanken
drangen wie feurige Pfeile in seine Seele, bis er sich wieder auf=
richtete in dem Gedanken, er habe dennoch die Wahrheit verkün=
digt und seinen Beruf als Doctor der heiligen Schrift erfüllt.
Gegen Ende seines Lebens war es mehr der unbefriedigende Zu=
stand der evangelischen Kirche, der ihn beugte. Die Früchte der
lutherischen Lehre blieben weit hinter seinen Erwartungen zurück.
Schon 1528 schrieb der alte Pirkheimer in Nürnberg: „Die
neuen evangelischen Buben seien schlimmer als die vorigen, die
Heuchler; sie wollen ungescheut ein schändlich Leben führen und
nur nach ihrem Glauben beurtheilt werden." Luther selbst führt
die bittersten Klagen über die Scharrhansen, über den unersättlichen
Geiz der Fürsten und Herren, der Bürger und Bauern. Die=
selben, welche das reiche Kirchengut geraubt hatten, ließen nun
die Kirchendiener darben. Wirklich nahm im Ganzen die Roh=
heit der Sitten nicht ab, sondern zu. Viel böse Menschen, die
früher an der Kette gelegen, waren losgelassen. Die Lehre von
der Gerechtigkeit aus dem Glauben wurde zur Frechheit und
Gesetzlosigkeit mißbraucht. Im Bürgerstand stieg eben damals
der Luxus; es war eine Zeit, wo die Geldcirculation aus Amerika
zunahm und der gesteigerte Handelsverkehr das Wohlleben be=

förderte. Luther verzehrte sich mit Klagen über die schändliche Undankbarkeit der Welt und ahnte den Anbruch böser Zeiten für Deutschland (wie sie im 30jährigen Krieg wirklich eingetreten sind) und das baldige Kommen Christi zum Gericht. In Wittenberg selbst war er mit den Studenten und den Bürgern so unzufrieden, daß er schon 1530 nicht mehr predigen wollte und im Mai 1545 verließ er die Stadt voll Unmuth über ihre bösen Sitten. Die Universität und der Kurfürst Johann Friedrich bewegten ihn mit Mühe zur Rückkehr.

Die Seelenschmerzen dieses Mannes sind von großer Bedeutung für die Würdigung seines Charakters. Seine Gegner behaupten noch heutiges Tages, seiner Lehre wahrer Inhalt sei ein Freibrief zum Sündigen; so habe er die Rechtfertigung durch den Glauben verstanden, und die es so auffaßten, hätten ihn recht verstanden. Aber was er im Geiste gelitten und wie er geklagt hat, das ist der unumstößliche Gegenbeweis. Es war ihm wirklich um ächtes Christenthum, um Reinheit der Gesinnung und des Wandels zu thun.

Unter solcher Last alterte Luther vor der Zeit. Seine Constitution schien auf ein hundertjähriges Alter angelegt zu sein; er sank im 63. Jahre, in dem großen Stufenjahre, ins Grab; er starb in seiner Vaterstadt Eisleben am 18. Februar 1546; in der Schloßkirche zu Wittenberg liegt er begraben. Der bedeutendste Mann jener Zeit nächst Luther ist Kaiser Karl V. Er hatte Luther zu Worms verurtheilt — in seinem Berichte an den Papst sagt er: Lutherum hominem post homines natos scelestissimum damnavimus — er stand auf Seiten des Papstthums, er trat für die alte Ordnung ein, aber im Grunde seines Herzens gab er den Lutheranern in mehreren Punkten Recht, und als der Papst jedes Zugeständniß verweigerte, machte endlich Karl V. selbst als Kaiser den großartigen aber verfehlten Versuch, durch das Augs=

burger Interim eine Vermittelung zwischen Katholiken und Pro=
testanten aufzurichten und die Einheit des Glaubens im Reiche
zu retten. Seine Regierung war ein unablässiger Kampf, bald
mit Frankreich, bald mit den Türken, bald mit dem Papst. Dazu
kam die endlose Mühe in dem verworrenen Reich. Kaum war
Luther gestorben, so brach der Religionskrieg aus, die verbündeten
protestantischen Fürsten standen gegen den Kaiser. Karl V. rückte
mit seinen Spaniern vor, bei Mühlberg gingen sie durch die Elbe
und siegten am 24. April 1547. Johann Friedrich und Philipp
von Hessen wurden gefangen. Karl zog als Sieger in Wittenberg
ein, er stand am Grabe Luthers. Da rieth Granvella, den Leich=
nam auszugraben und zu verbrennen. Karl sagte: „Ich führe
nicht Krieg mit den Todten, sondern mit den Lebenden."

Endlich legte er — der einzige Kaiser nach Diocletian, der
solches that — müde des erfolglosen Kampfes, die Regierung nieder.

Luther und Karl V. sind die hervorragendsten Häupter der
zwei großen Parteien; der Sinn der einen war darauf gerichtet,
für die wahre Lehre, die Absicht der andern, für die wahre Kirche
zu streiten. Der sterbende Luther sagte: „Betet für das Evan=
gelium." Der sterbende Kaiser sagte: „Herr, in deine Hände
befehle ich Deine Kirche." So verworren ist diese Welt, das ist
das Unheil und das Weh der Kirchenspaltung, daß die wahre
Lehre und die wahre Kirche, die zusammen gehören und nur mit
einander gedeihen können, als Gegensätze auftreten. Beiden
Männern war es um hohe Ziele zu thun, und diese Werthschätzung
unsichtbarer geistiger Güter ist das Große nicht nur an Luther,
bei dem sie am herrlichsten hervortritt, sondern bei allen hervor=
ragenden Charakteren jenes großen Kampfes.

Gustav Adolf

und

Maximilian I. von Bayern.

Die Zeit des großen deutschen Krieges 1618 bis 1648, die Unglücksperiode, an deren Nachwehen unser Vaterland noch zu leiden hat, war zugleich eine Heroenzeit; sie brachte große Charaktere hervor, und unter diesen stehen wohl Gustav Adolf von Schweden und Maximilian von Bayern oben an. Sie sind die bedeutsamsten Vertreter der beiden kämpfenden Parteien. Noch schwankt ihr Charakterbild in der Geschichte, doch gewinnt es an Klarheit und Festigkeit; jene Nebel, die aus den Sümpfen des Parteigeistes aufstiegen, fangen an vor dem Lichte einer vielseitigen und wahrheitsliebenden Forschung zu verschwinden. Schillers Geschichte des dreißigjährigen Krieges wird nicht übertroffen werden an Geschmack und Glanz der Darstellung. Aber unbefangener und objectiver als vor siebzig Jahren kann man jetzt die Hauptpersonen jener Zeit auffassen; die Arbeit der Geschichtsforscher während der letzten zwei Menschenalter ist nicht vergeblich gewesen.

Suchen wir den Lebensgang jener beiden Führer zu schildern und ihren Charakter zu würdigen, so muß unsere Erzählung mit Maximilian beginnen, der 21 Jahre früher als Gustav Adolf geboren war; wir begleiten ihn bis zu dem Zeitpunkt, da, im Juni 1630, sein großer Gegner in Deutschland landete. Dann muß die Erzählung auf Gustav Adolfs Geburt und Jugendgeschichte zurückgehen und ihm bis zu seinem frühen Tode folgen (16. Nov. 1632). Er fiel 37jährig. Maximilian überlebte ihn um beinahe 20 Jahre, sah das Ende des großen Krieges und starb ein 78jähriger Greis am 16. September 1651.

Maximilian, Herzog Wilhelm des V., des Frommen, ältester Sohn, wurde in der neuen Veste zu München am 17. April 1573 (im Jahre nach der Pariser Bartholomäusnacht) geboren. Damals regierte noch der Großvater Herzog Albrecht V. († 1579). Diese drei bayerischen Fürsten, Albrecht, Wilhelm und Max, haben in jenem Jahrhundert für ihr Land und ihre Residenzstadt Aehnliches geleistet wie in unserer Zeit die drei auf einander folgenden Könige Max Joseph, Ludwig I. und Max II.

Das Herzogthum Bayern hatte damals einen Flächenraum von 500 Quadratmeilen; das jetzige Königreich ist beinahe dreimal so groß; dieses besteht aus acht Provinzen; das Land, zu dessen Herzog Maximilian bestimmt war, bestand nur aus zwei, Ober- und Niederbayern. Die Bevölkerung von München war nur der siebente Theil der jetzigen, nicht viel über 20,000. — Die Stadt war in ihrer ältesten Gestalt ein Oval (dessen Umrisse sich an den Straßen der inneren Stadt, dem Rindermarkt und der Fürstenfeldergasse noch erkennen lassen) mit nur zwei Pfarreien, zu St. Peter und Unserer lieben Frau; die Umgebung war ländlich; an ein Wäldchen erinnert der Name Lechel, an ein Dörfchen Altheim der Name Althamereck, an eine Kühweide der Kühbogen. Doch als Maximilian geboren wurde, da hatte München bereits seine zweite Gestalt angenommen, die Stadt war geschmückt mit dem hohen Dom der Frauenkirche, umgeben von der eckigen Mauer, die Kaiser Ludwig der Bayer aufgeführt hatte mit ihren runden Thürmen und mit den zum Theil noch erhaltenen Thoren. Unmittelbar vor diesen Mauern breiteten sich Krautgärten, Hopfengärten und Landhäuser aus. Die ursprüngliche Residenz war der alte Hof. Nahe dem Schwabinger Thor stand die jetzt fast ganz verschwundene neue Veste mit ihren Eckthürmen, 1508 vollendet —

ähnlich dem alten Schlosse in Stuttgart. Albrecht V., der Pracht=
liebende, welcher den Grund der Münchener Kunstsammlungen
gelegt hat, war einer der kühnen und ritterlichen Männer, die
unmittelbar nach der Reformation in Deutschland geherrscht haben,
und es ist bezeichnend, daß unter ihm der Löwenstall ausstarb,
an den jetzt nur noch ein Hausname, das Löweneck erinnert [1]).
Ein ganz anderer Charakter war sein Sohn Wilhelm, der erste
bayrische Fürst, der von den Jesuiten erzogen war; bei ihm war
mehr die Sanftheit und Fügsamkeit als die ritterliche Kühnheit
und die Lust an den Gefahren der Hetzjagd vorwaltend. Wilhelm
wurde im Jahre 1568 mit der Prinzessin Renata von Lothringen
vermählt. Diese Dame war aus deutschem Hause, aber dies
Haus hatte bereits französische Sprache und Bildung angenommen.
Bei dieser Hochzeit entfaltete Vater Albrecht das Höchste von
ritterlicher, mittelalterlicher Pracht. Die Boten, welche zum Feste
luden, gingen nach Wien und Florenz, an die deutschen Höfe, nach
Rom und nach Madrid. In dem großen Turnier gewann Caspar
Rothhaft von Achalming den Preis. Auf seinem Helme trug er das
Bild des Fräuleins Lösch von Higartshausen. Neben dem gefähr=
lichen Ritterspiel fand ein scherzhaftes Kübelstechen statt, wo die
Ritter, in dicker Ungestalt ausgestopft, mit dem Kübel statt dem
Helm auf dem Kopf, auf ungegürteten Sätteln sich tummelten und
einander mit stumpfen Lanzen zum Fall brachten. Die Väter
des Jesuitencollegiums führten zur Verherrlichung des Festes die
Tragödie von dem starken Samson auf.

Als Wilhelm V. im Jahre 1579 die Regierung antrat,
eiferte er in Prachtliebe und in Beförderung der Künste seinem
Vater nach. Damals blühte italienische Musik unter Orlando
Lasso am Münchner Hof und die Werke einheimischer Kunst=
industrie werden noch jetzt bewundert. Drei Charakterzüge treten
deutlich hervor: die glänzende Freigebigkeit für die Kirche, das

einfache bürgerliche und andächtige Privatleben, das streng mo=
narchische Bewußtsein von fürstlicher Würde.

Die Denkmale der Wilhelmischen Zeit stehen vor unsern
Augen und sprechen noch vernehmlich wie am ersten Tage zu uns,
nämlich das Jesuitencollegium mit der Michaelskirche und dahinter
die Wilhelminische Veste (welche mißverständlich die Maxburg
genannt wird). Das Jesuitengebäude übertrifft an Pracht und
Geschmack die Residenz, welche Wilhelm für sich selber erbaute.
In ganz Europa hatten damals die Jesuiten kein glänzenderes
Haus. Als am 6. Juni 1596 das Collegium und die Michaels=
kirche eingeweiht wurde, kamen Fürsten und Bischöfe aus weiter
Ferne zur Feier, 2000 Gäste wurden öffentlich gespeist, unter
freiem Himmel war eine Schaubühne errichtet, die Schüler der
Jesuiten stellten in einem Singspiel den Kampf des Erzengels
Michael mit Lucifer dar, der Chor bestand aus 900 Stimmen.
Man sah den Sturz der Engel in die aufwallenden Flammen
des Höllengrundes.

Als sein Erbe 24 Jahre alt war, dankte Vater Wilhelm
der Fromme ab. Theils die Finanznoth, theils die Liebe zur Ein=
gezogenheit bewog ihn dazu, er zog sich mit Renata ins Privat=
leben zurück und führte noch 28 Jahre ein klösterliches Dasein
in seiner Burg, welche durch einen Gang mit der Michaelskirche
in Verbindung stand. Wilhelm und Renata kleideten sich nur
noch schwarz, speisten von irdenem Geschirr, nahmen arme Leute
an ihren Tisch. Wilhelm vollzog in dem Pilgerhause an den
Wallfahrern die Fußwaschung, diente im Spital den Kranken,
wallfahrtete zu Fuß nach Altötting, fastete und geißelte sich in
einer Zelle zu Schleißheim [2]).

Bei dem allen lebte in der Familie ein überaus starkes
Gefühl von fürstlicher Würde. Es war die Zeit, wo die deutschen
Fürsten, wiewohl eigentlich Lehensmänner des Kaisers, sich zum

Bewußtfein der Souveränität emporarbeiteten. Die Reformation und der Religionsfrieden kam ihnen dabei zu statten, die Landes= hoheit entwickelte sich mit allen ihren Consequenzen; die drei Stände: Adel, Geistlichkeit und Bürger, verloren an Einfluß und die deutschen Höfe eiferten in Selbstgefühl und Grandezza dem spanischen nach, denn der spanische Hof war seit Karl V. das maßgebende Ideal. Dieses fürstliche Selbstgefühl und die rück= sichtslose Entschlossenheit den Unterthanen und den Ständen gegen= über spricht sich auf die stärkste Weise in den Briefen einer Dame jener Zeit aus, der Schwester unseres Wilhelm, Maria, vermählt mit dem Erzherzog Karl in Gräz.

Maximilian der Knabe war, wie dieß so oft der Fall ist, nicht seinem Vater, sondern seinem Großvater ähnlich. Weniger die Milde und die Liebe zur Einsamkeit als die Thatkraft trat in ihm hervor. In seiner Erziehung wurde nichts versäumt. Früh= zeitig lernte er Lateinisch und Italienisch, Französisch und Spanisch. Er übte sich in der Frauenkirche im Orgelspiel; Zeichnen und Malen war ihm nicht fremd. Mit 14 Jahren ward er nach Ingolstadt gesandt, und man vernimmt aus seinen Briefen, daß er sich der Rechtswissenschaft mit Gewissenhaftigkeit widmete; er las Xenophon, Cicero und Tacitus. Die noblen Passionen wur= den nicht versäumt; der Vater Wilhelm hörte nicht ohne Bedenk= lichkeit von seiner Lust zum Waidwerk und Schießen und daß sein Haus „voller Hunde und Vögel sei, was für den Studenten nicht schicklich."

Drei Jahre später, 1590, traf in Ingolstadt ein anderer vornehmer und sehr junger Student ein, nämlich der 12jährige Erzherzog Ferdinand, Sohn jener Maria, Vetter unseres Maxi= milian, fünf Jahre jünger als dieser. Er hatte ein Gefolge von 40 Personen, worunter auch ein Hofzwerg. Sie hatten gemein= same Lehrer. Die philosophische und theologische Facultät war schon seit 30 Jahren den Jesuiten übergeben. Von einem innigen Herzensbund der beiden Knaben findet sich nichts, im Gegentheil, sie hatten einen Rangstreit darüber, welcher vor dem andern den Vortritt in der Kirche haben sollte.

Ferdinand wurde auf jede Weise gefeiert; er hielt 14jährig zu Pfingsten 1592 eine Rede vor der ganzen Universität; am Schluß traten 6 Jünglinge in Engelsgewändern hervor, welche unter Absingung eines Gedichtes mit Musikbegleitung ihm einen Blumenkranz aufs Haupt setzten. Als der junge Erzherzog die Universität 17jährig verließ, wurde eine ähnliche Feier veranstaltet. „Da hielt in der Aula der Universität in Gegenwart der Profes- soren und vieler Studierenden, ein Baron Törring eine Anrede an den Abziehenden. Hierauf wurden acht Festgedichte gesprochen und eine Reihe von Darstellungen sollte Ferdinands Zukunft ver- sinnbilden. Zuerst trat ein junger Ilsung, aus augsburgischem Patriciergeschlechte, auf und trug als christlicher Krieger auf einer Lanze einen Türkenkopf, künftige Siege über den Erbfeind der Christenheit andeutend. Wie aus diesen der Friede hervorgehen werde, hierauf wies ein zweiter Törring hin, der in dessen Gestalt mit der Palme geschmückt war. Daß aus Krieg und Frieden Ruhm und Ehre erblühe, zeigte ein dritter Törring, und ein Fugger versinnbildete in einem Füllhorn des Friedens nie aus- bleibende Früchte. Unter den moralischen Eigenschaften, die den Regenten zieren müßten, wurde Ferdinand in dem Kreuz und dem Schwert, welche ein Graf Schwarzenberg trug, der kampfes- freudige Glaube vor Augen geführt; dann durch einen Freiherrn von Fuchs mit Wage und Schwert die Gerechtigkeit; durch einen von Banden Umschlungenen (den ein Gumpenberg vorstellte) der Sieg über die Begierden; durch einen zweiten Fugger endlich, mit Buch und Schwert ausgestattet, der von Wissen geleitete Eifer. Am Schluß sangen zwei Engel ein Abschiedslied." So erfinderisch waren die Jesuitenväter in den Mitteln, womit sie auf das jugendliche Gemüth zu wirken suchten [3]).

Ferdinand hielt die Erinnerungen an Ingolstadt fest. Er schenkte später der Universität einen silbernen Pokal in Gestalt eines Schiffes, der jetzt der Universität München gehört und bei festlichen Gelegenheiten hervorgeholt wird.

Max und Ferdinand hatten verschiedenes Naturell. Maximilian hatte mehr von dem Löwen in sich, Ferdinand mehr von der Devotion seines Onkels Wilhelm. Auch Ferdinand ist ein Beispiel von der Wahrheit des Satzes, daß die meisten Söhne den Brüdern der Mutter nacharten. Auf der Universität, sowie in der Familie haben beide dieselben Grundsätze eingesogen. Es sind die nämlichen, welche Herzog Wilhelm in einer merkwürdigen Urkunde niedergelegt hat, in dem Regentenspiegel für seinen Neffen Ferdinand vom Jahre 1595. Diese Grundsätze waren streng monarchisch und streng katholisch.

Was die kirchliche Gesinnung betrifft, muß der Unterschied festgehalten werden zwischen der Auffassung, die zu Albrechts Zeit vorherrschend war, und der ganz veränderten, in der Maximilian erzogen wurde.

In dem Jahre, da Kaiser Karl V. in dem hispanischen Kloster starb, 1558, war das Lutherthum, 40 Jahre nach seiner Entstehung, in Deutschland so verbreitet, daß nur noch ein Zehntel des Reiches der alten Kirchenordnung entschieden anhing. Böhmen war fast ganz protestantisch, und im Erzherzogthum Oesterreich bildeten 1563 die Katholiken nur noch den dreißigsten Theil der Bevölkerung. Nur Bayern und Tyrol standen noch fest auf katholischer Seite; Canisius verglich diese beiden mit Juda und Benjamin, welche bei dem Abfall der 10 Stämme dem Hause Davids allein noch treu blieben [4]). Indessen gab es selbst unter

dem bayrischen Abel eine lutherische Partei. Die Gebrechen des
alten Kirchenwesens waren so handgreiflich, die meisten Forde=
rungen Luthers waren unzweifelhaft gerecht, das ganze Luther=
thum war so ansprechend für den deutschen Geist, daß nicht allein
die Menge des Abels, der Städte und der Bauern auf diese
Seite gezogen wurde, sogar die Fürsten, welche noch für die alte
Ordnung einstanden, hielten es für Pflicht und Gewissenssache,
dem Protestantismus große Zugeständnisse zu machen. Dieser
Ueberzeugung war Karl V. selbst zugethan, ebenso sein Bruder,
Kaiser Ferdinand I., noch entschiedener dessen Sohn, Kaiser Maxi=
milian II., endlich sogar unser Herzog Albrecht von Bayern. Er
versprach 1556 seinen Ständen, daß die Spendung des Kelches
an die Laien bewilligt werden sollte. Er sendete 1562 seinen
heimlichen Rath Baumgartner nach Trient, und dieser setzte die
versammelten Väter des Concils durch eine Rede von unerhörter
Kühnheit in Erstaunen, worin er im Namen seines Fürsten die
Bewilligung des Kelches und der Priesterehe verlangte, weil dieß
die einzigen Mittel seien, um die Bevölkerung Bayerns vor dem
Abfall zu der lutherischen Sekte abzuhalten. In der That be=
willigte nach dem Schlusse des Concils Papst Pius IV. 1564 für
Bayern die Communion unter beiden Gestalten[3]. Diese Fürsten
gingen mit einem richtigen praktischen Verständniß davon aus,
daß man begründete Forderungen einer Opposition erfüllen müsse,
um dann mit gutem Gewissen die zu weit gehenden ablehnen zu
können, sie gingen von der Ueberzeugung aus, daß jene beiden
praktischen oder disciplinaren Maßregeln zugestanden werden
könnten, ohne dadurch dem Glauben und dem Dogma etwas zu
vergeben.

Kaiser Maximilian II. ging noch einen Schritt weiter. Er
war innerlich der Augsburgischen Confession befreundet. Er er=
kannte, wie nahe sie dem alten katholischen Glauben steht. Er

war nahe daran, evangelisch zu werden, aber er schrak vor diesem Schritte zurück, als man ihm die Akten vorlegte, aus denen er sah, daß Luther und Melanchthon ihre Genehmigung zur Doppel= ehe des Landgrafen Philipp von Hessen gegeben hatten. Während die andern Fürsten jener Zeit, die protestantischen sowohl als die katholischen, es für unausführbar hielten, daß die beiden Confes= sionen in einem Fürstenthum nebeneinander bestünden, erhob sich Maximilian zu der besseren Einsicht; er wollte mit allem Ernst in Oesterreich einen paritätischen Staat, er wollte das evangelische Kirchenwesen sowohl als das katholische unter seine Obhut nehmen, aber er stand damit allein; es mußten erst beinahe 200 Jahre ver= gehen, ehe dieser Gedanke zur Anerkennung und Ausführung kam [6]).

Jedoch jener besonnene Katholicismus, der noch eine Ver= mittlung suchte und eine Versöhnung hoffte, starb, auf den Thronen wenigstens, mit Kaiser Maximilian II. 1576 und mit Herzog Albrecht 1579 aus, ja Albrecht selbst ging in den letzten Lebens= jahren zu der anderen strengen Auffassung über.

Zwanzig Jahre später war ein ganz anderes Geschlecht von katholischen Fürsten auf dem Throne. Der Katholicismus hatte einen neuen Aufschwung genommen. Albrecht hatte sich als katho= lischer Fürst in der Defensive befunden, und suchte das Wenige, das noch übrig war, zu retten. Sein Enkel Maximilian und dessen Zeitgenosse Kaiser Ferdinand II. ergriffen die Offensive und konnten daran denken, ganz Deutschland wieder unter die Herrschaft der alten Kirche zu bringen. Diesen gewaltigen Um= schwung hat Leopold Ranke in seiner Geschichte der Päpste dar= gestellt. Als Luther im Jahre 1510 nach Rom wallfahrtete, fand er auf dem päpstlichen Stuhle den kriegslustigen Julius II. und diesem folgte der ungläubige Mediceer Leo X. Am Hofe und in der Gesellschaft herrschte ein weltlicher ausgelassener Ton. Wäre

Luther 50 Jahre später gekommen, so hätte er den strengen Mönch und Inquisitor Paul IV. oder den eifrigen Asceten Pius V. (ebenfalls Großinquisitor) auf dem Throne gesehen. Die ganze Physiognomie des Hofes und der Stadt war verändert, und eine streng religiöse Haltung war herrschend geworden. In Luthers Jugendzeit kannte man keine Bischöfe, denen man wahre Herzensfrömmigkeit zutraute. In dem nächstfolgenden Geschlecht nach Luthers Tode findet man Männer von dem edelsten christlichen Charakter auf den bischöflichen Sitzen, so in Mailand Karl Borromäus, in Genf Franz von Sales. Die große Kirchenversammlung hatte Mißbräuche und abergläubische Vorstellungen beseitigt und viele treffliche Vorschriften für Kirchenverbesserung aufgestellt. So kam in der That eine weitgreifende geräuschlose Reform zu Stande, leider kam sie erst nach der großen Spaltung; wäre sie 70 Jahre früher gekommen, so wäre dadurch vielleicht der Riß in der deutschen Nation verhindert worden [7]).

Den größten Antheil an der Wiedererhebung des Katholicismus hatten bekanntlich die Jesuiten. Sie sind die seltsamste Erscheinung in der Religionsgeschichte, wie ein unfaßbarer Proteus, so groß ist der Widerspruch ihrer guten und ihrer schlimmen Eigenschaften. Bei Ignatius und Xaverius ist die glühende Andacht und die aufopfernde Hingebung unverkennbar. Der Orden entstand ohne Zweifel aus einer religiösen Erhebung, aber diese war ganz anderer Art als bei Luther. Bei Ignatius, dem Spanier, ist nicht wie bei Luther das ächt deutsche Ringen nach Wahrheit, sondern eine phantasiereiche Begeisterung für Maria und die Kirche. Die geistige Welt wird von zwei Grundpfeilern getragen, Autorität und Freiheit, und zwar nicht nur die bürgerliche, auch die religiöse Welt. Im Christenthum sind beide Principien verbunden. Der Protestantismus machte das Princip der Freiheit geltend, d. h. die Berechtigung und Verpflichtung des Einzelnen, sich seine eigene Ueberzeugung zu bilden und nach seinem eigenen Gewissen Gott zu dienen. Dieses Streben konnte bis zur Aufhebung aller festen gemeinsamen Ordnung und somit zur Auflösung der Kirche führen. Angesichts dieser Gefahr warf sich nun die religiöse Bewegung in Spanien und Italien auf das Autoritätsprincip. Der blinde Gehorsam gegen die geistlichen Vorgesetzten, der in den Klöstern schon früher gegolten hatte, wurde zum höchsten Grundsatz erhoben. Daher kömmt es, daß Ignatius die völlige Auslöschung des eigenen Willens verlangt. Der Jesuit soll wie ein todtes Werkzeug, wie ein Holz in der Hand seines Oberen sein, und selbst, wenn dieser eine Todsünde verlangte, sich kein Urtheil darüber erlauben. Nach demselben Princip soll in allen Gewissensfragen der Laie sich blindlings der Leitung seines Beichtvaters anvertrauen. Derselbe Grundsatz mußte dahin führen, daß dem Papste eine solche Autorität über die ganze Kirche eingeräumt wurde, wie früher noch nie.

Durch das alles wird nun aber der Forschungstrieb auf religiösem Gebiete abgetödtet, und die stets nothwendige Prüfung des Herkommens an den Urkunden ·der Vergangenheit erstirbt. Die Autorität wird gerettet, aber die individuelle Freiheit, die Selbstbestimmung, die Ueberzeugungstreue wird aufgeopfert. Der Protestantismus war dem geordneten Bestande der kirchlichen Gemeinschaft gefährlich, der Jesuitismus dem innersten Kern des geistlichen Lebens. So erblicken wir die beiden Principien, die einander das Gleichgewicht halten und dadurch wohlthätig wirken sollten, auseinandergerissen, in Einseitigkeit zerfahren, feindselig gegen einander abgeschlossen, und die Vertreter des Einen ohne Verständniß für die Berechtigung der Vertreter des Andern.

Ignatius sandte bereits seine Schüler nach Wien, nach Cöln und nach Ingolstadt, wo Herzog Albrecht 1556 sie einließ. Lainez, der zweite Ordensgeneral, kam selbst zum Besuch nach

Ingolstadt. Diese Männer waren undeutsch, Spanier, Italiener und Wallonen. Die lutherische Bewegung war in ihrem Ursprung deutsch; die Gegenbewegung romanisch. Das Unterrichtswesen der Jesuiten hatte die größten Erfolge; die Bildung, welche sie mittheilten, war elegant, in formeller Hinsicht bewunderungswürdig, die Disciplin, die sie übten, war sorgfältig und ängstlich. Sie bildeten sittsame, gehorsame und zugleich gewandte junge Männer, aber wer sich ihnen ganz hingab, dessen Charakter und Thatkraft wurde abgeschwächt. Sie wandten Alles an, um als Beichtväter und Erzieher die Fürsten und die Adeligen in die Hand zu bekommen; an der Bildung und Hebung des Volks war ihnen weniger gelegen [8]).

Solcher Art waren die Lehrer Maximilians in München und Ingolstadt. Mit dem Auftreten der Jesuiten in Deutschland begann auch das Zeitalter erfolgreicher Gegenreformationen.

Eine ganz andere Fassung des Katholicismus war also herrschend geworden. Nun wollte man nichts mehr wissen von berechtigten Wünschen der Protestanten. Man fühlte keine Verpflichtung mehr, in irgend einem Punkte nachzugeben. Man hielt dafür, alle Concessionen seien vom Uebel, und alle schon gemachten Zugeständnisse müßten zurückgenommen werden. Es war auf kirchlichem Gebiet dieselbe Ueberspannung des Autoritätsprincipes, die wir in diesem Jahrhundert bei den politischen Ultras in Preußen, Oesterreich und in Rußland gesehen haben, welche meinten, alles Unglück komme davon her, daß die Fürsten von ihrer unumschränkten Machtfülle etwas nachgelassen, daß sie den Ständen und dem Volke Rechte eingeräumt hätten. Alles das müsse rückgängig gemacht werden.

Maximilian und Ferdinand gehören also zu einem Geschlechte, welches im Vorurtheil und Abscheu gegen das Lutherthum erzogen wurde und keine eigene Anschauung mehr von dem-

selben hatte. Bei Maximilians kräftiger Natur überwog die
fürstliche und politische Auffassung. Er bekämpfte den Protestan=
tismus als das Prinzip der Unordnung und des Umsturzes, er
hielt dies für eine ritterliche Pflicht. Ferdinand dagegen, mehr
als sein Vetter zur Andacht und zur Fügsamkeit gestimmt, faßte
die Sache vorwiegend als religiöse Aufgabe und als Pflicht des
Gehorsams gegen die Mutterkirche. Maximilian wurde von seinem
Vater frühzeitig in die Geschäfte eingeführt. Er vermählte sich
1595 mit seiner Cousine Elisabeth von Lothringen; diese Dame
nahm bei ihrer Ankunft in München deutsche Sitte an [9]).

Schon das Jahr darauf, 1596 übernahm Maximilian die
Regierung in Bayern; zwei Jahre später succedirte Ferdinand
seinem Vater Karl in der Beherrschung von Steiermark, Kärn=
then und Krain. So kamen die beiden Vettern früh zur Regie=
rung, und bei Zeiten ließen sie ahnen, welche Stellen sie ein=
nehmen würden in dem großen Kampfe, der damals schon geahnt
wurde und 20 Jahre später wirklich ausbrach.

Wenden wir uns zur Betrachtung des damaligen Kaiser=
hauses.

Karl V. hatte auf seinem Haupte die Kronen Spaniens und
Deutschlands vereinigt; die Niederlande und ein Theil Italiens
gehorchten ihm; die Entdeckungen in Südamerika waren ihm
unterworfen; seit Karl dem Großen war keine solche Macht in
Europa in der Hand eines Einzigen zusammengefaßt gewesen.
Aber wie die Last ihm selbst zu schwer war, so veranlaßte er bei
seiner Abdankung, daß die Bürde getheilt wurde, indem er seinem
Sohne Philipp II. die Nachfolge in Spanien und den Nieder=
landen ließ und auf seinen Bruder Ferdinand, den Nachfolger in
den österreichischen Erblanden, die Kaiserwahl lenkte. Ferdinands
Sohn war der milde Kaiser Maximilian II.; und nicht leicht mag
es unähnlichere Vettern gegeben haben als Philipp II. von Spa=

nien und Maximilian II. von Deutschland. Zwischen diesen Ver-
tretern der beiden Habsburgischen Linien bestand eine ungeheure
Kluft. Philipp II. zerstörte in Spanien die ständischen Rechte,
beherrschte sein Land durch die Schrecken der Inquisition und
vollzog durch den Herzog von Alba das Rachewerk in den Niederlanden, wo 60,000 Menschen auf dem Schaffot umkamen.
Unterdessen schützte Maximilian in seinen Erblanden die Freiheit
des Gewissens, ehrte und befestigte die Rechte seiner Stände und
lebte mit seinen Unterthanen in Frieden. Die Sinnsprüche,
welche er auf einen Tisch niederschrieb, der in den Besitz seines
protestantischen Leibarztes Crato von Kraftheim gelangte, sind
Ausdrücke der Milde und Resignation. Dominus providebit.
Si Deus pro nobis, quis contra nos? Audi, vide, tace, si vis
vivere in pace. Vanitas vanitatum et omnia vanitas. Dominus dedit, Dominus abstulit. Sicuti Domino placuit, ita
factum est. Sit nomen Domini benedictum. Si bona susce-
pimus de manu Domini, mala quare non sustineamus?
Si vitam inspicias hominum, si denique mores, cum culpent
alios, nemo sine crimine vivit etc. [10])

Aber nicht dieser menschenfreundliche Geist lebte in der
Familie fort, denn Maximilians Sohn Rudolf wurde am spanischen Hofe erzogen. Der finstere, mißtrauische und menschen-
scheue Sinn Philipps II. findet sich bei ihm wieder, wiewohl ohne
dessen Bösartigkeit, und eine Schwermuth, welche wahrscheinlich
ein Erbtheil von der hispanischen Ahnfrau Johanna (Mutter
Karls V.) her war. Rudolf II. hat 36 Jahre in Prag residirt,
aber wenig regiert. Er war klein von Gestalt, furchtsam in
seinem Auftreten, den Geschäften abgeneigt, und er suchte seine
ganze Befriedigung in einem Stillleben auf der Burg, umgeben
von seinen Sammlungen, beschäftigt mit künstlerischen Arbeiten,
mit Alchymie, mit Mathematik und Beobachtung der Sterne.

Er hatte die großen Astronomen, Tycho Brahe den Dänen und dessen Gegner Johann Kepler aus Würtemberg, an seinem Hof. Mit Tycho trieb er die Astrologie, und dieser las in den Sternen, Rudolf würde wie Heinrich III. von Frankreich durch einen Mönch ermordet werden. Dieses verschlimmerte seine krankhafte Gemüthsrichtung. Er verließ die Burg nicht mehr, er wandelte im Burggarten nur noch ungesehen in bedeckten Gängen, seine prächtigen italienischen und spanischen Pferde ließ er sich nur noch vor das Fenster führen, um sie zu besehen, nicht um sie zu besteigen. Dieser unglückliche Mann hatte kein Familienleben; aus einer unrechtmäßigen Verbindung mit einer Antiquarstochter wurden ihm Kinder geboren, die aber fern von ihm aufwuchsen. Seine finsteren Vorstellungen steigerten sich bis zur Raserei und zu Mordversuchen gegen seine Bedienten. Früher hatte er die Jesuiten und die Gegenreformation begünstigt, aber nun betrachtete er die katholischen Geistlichen mit Grauen und Abscheu. In seinen Wuthanfällen rief er dem Teufel; es schien ein böser Geist über ihn, wie einst über den König Saul, gekommen zu sein. Pater Laurentius von Brindisi, ein frommer Kapuziner, sollte diesen Geist bannen; aber es gelang ihm nicht, wie David mit Harfenspiel die Bande der Schwermuth zu lösen. Matthias, der in Wien residirende Erzherzog, der nächste unter den Brüdern des Kaisers, trug darauf an, daß dem verrückten Herrscher ein Coadjutor zur Seite gestellt werde; dies brachte die Sache zum Aeußersten. Matthias wurde durch die Umstände das Haupt der mächtigen protestantischen Opposition in Böhmen. Der Kaiser suchte in seiner gefährlichen Lage sich durch starkes Trinken zu beschwichtigen, er war den Umständen nicht gewachsen und mußte endlich am 9. Juli 1609 den Majestätsbrief unterzeichnen, die Magna-Charta von Böhmen, die Urkunde, wodurch allen Einwohnern Böhmens das katholische oder protestantische Bekenntniß völlig

6 *

freigestellt wurde. Zur Zeit dieser tiefen politischen Demüthi=
gung traf ihn zugleich ein häusliches schreckliches Ereigniß. Bei
seinem Sohne, dem sogenannten Marchese Julio, den er wegen
bösen Lebenswandels nach Kruman verwiesen hatte, zeigte sich
eine ähnliche Raserei. Dieser Mensch hatte eine Verbindung
mit der Tochter eines Barbiers. In einem Anfall von Wuth
brachte er ihr Stichwunden bei und warf sie in den Schloßteich.
Sie kam mit dem Leben davon, weil sie aber nicht zu dem
Wütherich zurückkehren wollte, ließ er ihren Vater ins Gefängniß
werfen und verlangte von der Stadt dessen Verurtheilung zum
Tode. Darauf kam sie wieder und er schwur ihr, nichts zu Leide
zu thun, aber den andern Tag ermordete er sie im Bette und
arbeitete drei Stunden an der Verstümmelung des Leichnams.
Er verwundete einen Diener und ermordete einen andern. Die
Unglückliche wurde feierlich begraben, von Seiten des Kaisers
geschah nichts, um den Sohn zu bestrafen oder unschädlich zu
machen, er starb am 25. Juni 1609 in Wahnsinn; man fürchtete
sich, dem Kaiser seinen Tod zu melden.

Rudolf II. machte noch einen verzweifelten Versuch sich zu
halten. Er ließ in Passau ein wildes Kriegsvolk anwerben. Diese
Passauer brachen in Böhmen ein und kämpften in den Straßen
von Prag mit den ständischen Truppen; sie begingen die schreck=
lichsten Grausamkeiten. Matthias wurde von den Ständen ge=
rufen, sein Einzug war ein Triumph; endlich dankte Rudolf ab
und Matthias wurde als König gekrönt. Rudolf soll von
den Fenstern des Schlosses aus Böhmen verflucht haben. Er
sah nun seinen Tod kommen. Sein Lieblingslöwe, von dem Tycho
gesagt hatte, er stehe unter dem Einfluß derselben Sterne wie der
Kaiser, verendete, und wirklich starb sein Herr in wenig Tagen
ihm nach am 20. Januar 1612. Seine letzte Krankheit war
Eiterung an den Füßen und der kalte Brand [11]). So endete

dieser unglückliche Fürst. Das nächstfolgende Geschlecht ur-
theilte mild über ihn. Böhmen hatte unter ihm 32 Jahre
Frieden gehabt und die Schreckenstage, welche unter Ferdinand II.
über das Land kamen, ließen die Regierung Rudolfs als eine
glückliche Zeit erscheinen.

Matthias und die anderen Brüder Rudolfs gingen kinderlos
dahin und die Nachfolge stand also den beiden Nebenlinien zu,
welche in Insbruck und in Gräz residirten. Zwei Brüder des
milden Maximilian II. hatten die Regierung dieser Provinzen
übernommen, Erzherzog Ferdinand in Tirol, Erzherzog Karl in
Steiermark. Ferdinand entsagte den Aussichten auf ein so großes
Erbtheil aus Liebe zu der Philippine Welser von Augsburg.
Erzherzog Karl, vermählt mit Maria von Bayern, ist der
Stammvater der nun folgenden Kaiser.

Der erzherzogliche Hof in Gräz war ein Bild bürgerlicher
Einfachheit und deutscher Häuslichkeit. Maria gebar ihrem Gemahl sechs Söhne und neun Töchter. Einige von den Töchtern
hatten ein glänzendes, aber unglückliches Loos. Zwei wurden
Königinnen in Polen, Anna und Constantia; Maria Christina
wurde an den Fürsten von Siebenbürgen Bathori, einen rohen
Menschen, vermählt, von ihm getrennt — und starb als Nonne in
ihrer Heimath. Margarethe wurde an Philipp III. von Spanien vermählt; ihre Mutter geleitete sie selbst dorthin; sie fühlte
sich höchst unglücklich an dem steifen Hof und unter den stolzen
Spaniern; sie wünschte lieber Klosterfrau in Gräz, als Königin
in Madrid zu sein; sie starb siebenundzwanzigjährig.

Ueber Ferdinands Knabenzeit und die einfache Erziehung,
die er empfing, sind einige ergötzliche Einzelnheiten aufbehalten.
Auf Neujahr 1583 bekam er vom Ohm Wilhelm Spielsachen,
wegen deren er sang und sprang. Der „Pueb", wie die Mutter
schreibt, freute sich auf den Nicolaustag, doch nicht ohne Furcht

vor der Ruthe des Heiligen. Mit fünf Jahren bekam er einen
kleinen Harnisch geschenkt. Er wünscht, seinen Schwestern neue
schöne Mieder aus Augsburg zu bestellen. Er selbst wird von
seinem Oheim Ferdinand in Insbruck mit Aepfeln erfreut. Auch
wurde gelegentlich die Ruthe und Einsperrung in Anwendung
gebracht. · Der Knabe war erst 12 Jahre alt, als der Vater starb.
Erzherzog Ernst, ein Bruder des Kaisers Rudolf, wurde Land=
pfleger, bis Ferdinand achtzehn Jahre alt war, denn in diesem
Alter werden nach dem Gesetz der goldenen Bulle die Erbprinzen
in Deutschland majorenn. Nach Empfang der Huldigung trat
der junge Erzherzog 1597 seine berühmte Reise nach Ferrara zu
Papst Clemens VIII., nach Loretto und Rom an. Man hat oft
erzählt (nach Thuanus), wie er dem heiligen Vater und der Mutter
Gottes in Loretto das Gelübde gethan habe, sein Leben und alle
seine Kräfte der Ausrottung des Protestantismus zu weihen.
Indessen, wie sein Lebredner Friedrich Hurter nachgewiesen hat,
ist dies nicht in so förmlicher und feierlicher Weise, wie man
gewöhnlich annimmt, geschehen. Doch ist kein Zweifel, daß
Aehnliches damals seine Seele erfüllte. Wie einst der neun=
jährige Knabe Hannibal seinem Vater Hamilcar am Altare
immerwährenden unauslöschlichen Haß gegen die Römer gelobte,
so hat sich Ferdinand in ähnlichen Vorsätzen gegen den Prote=
stantismus auf jener Reise gestärkt. Hannibal hat sein Wort
gehalten, und Ferdinand auch.

Bald nach seiner Rückkehr begann dieser junge Fürst das
mühevolle und gefährliche Werk der Gegenreformation. Er wider=
rief den Brugger Vertrag, in welchem sein Vater den Landständen
Freiheit für den protestantischen Cultus bewilligt hatte. In der
Hauptstadt selbst communicirten mit dem erzherzoglichen Hof nur
noch drei katholische Bürger. Am eifrigsten protestantisch war die
Bevölkerung in den Bergwerksbezirken. An einem Tage wurde

allen protestantischen Predigern geboten, bei scheinender Sonne das Land zu verlassen, und aller Orten waren bereits für die etwa Widerspenstigen Galgen aufgerichtet. Von Ort zu Ort zogen die Commissionen, bestehend aus geistlichen und weltlichen Räthen; sie forderten die Bürger vor und ließen ihnen nur die Wahl zwischen Beichte und Auswanderung. Auch der Astronom Kepler, damals Professor in Gräz, wurde vorgeladen, er blieb fest und ging nach Prag. Es ist damals kein Blut vergossen worden, wiewohl man auch dazu entschlossen war. Die Lutheraner jener Generation zeigten sich nicht so kühn und opfermuthig wie die früheren, nicht so todesbereit wie ihre reformirten Zeitgenossen in Frankreich und den Niederlanden. Der junge 22jährige Fürst, der dieses alles auf sich nahm, setzte den Bitten und Vorstellungen eine regungslose Festigkeit entgegen. Auch die Gefahr, welche darin lag, daß man das Land innerlich aufwühlte, während es an seinen Gränzen von den Türken bedroht war, machte ihn nicht wankend [12]). Und doch war dieser Jüngling von Natur kein starker Charakter und von Gemüthsart nicht blutdürstig. Er war ein andächtiger, an Gehorsam gewöhnter Sohn seiner Mutter und der Jesuiten. Sein Entschluß und seine Festigkeit beruhte auf Pflichtgefühl. Diesem Pflichtgefühl lag ein verhängnißvoller Irrthum zu Grunde; und wir können nicht bemessen, wie weit der Einzelne für diesen Irrthum verantwortlich ist, den er mit seiner ganzen Zeit und Umgebung theilte. Dahin führte die erwähnte extreme Auffassung des Autoritätsprincips. In diesem Unternehmen hatte Ferdinand die Reichsgesetze auf seiner Seite, denn dieß war eben der Inhalt des Religionsfriedens, er gewährte nicht den Unterthanen Gewissensfreiheit gegen ihre Landesherren, sondern nur den Landesherren oder Reichsständen Freiheit gegen den Kaiser. Jeder Reichsstand hatte noch die Macht zu bestimmen, welcher von beiden Confessionen seine Unterthanen folgen sollten. Der Jesuit Mariana in seinem berühmten Buch de rege et regnis istitutione hielt es für politisch unmöglich, daß in einem Territorium die beiden Kirchenkörper neben einander existirten. Ja sogar Luther hatte es für unmöglich gehalten; es würde, so meinte er, unvermeidlich Aufruhr daraus entstehen. Ferdinand konnte sich darauf berufen, daß auch die protestantischen Fürsten, nicht nur die großen, wie in England und Schweden, sondern auch die kleinen protestantischen Fürsten im deutschen Reiche keine Feier der Messe in ihren Landen gestatteten.

So konnte man auf dem Boden des deutschen Staatsrechts diese Schritte Ferdinands nicht anfechten; nichts desto weniger betrat er damit eine sowohl in moralischer als in politischer Hinsicht verderbliche Bahn. In moralischer Hinsicht waren diese Maßregeln unheilvoll, denn was kann es der wahren Moralität schädlicheres geben, als wenn der Gehorsam gegen die äußere herkömmliche Ordnung für die einzige Pflicht, das Widerstreben gegen dieselbe für das einzige Unrecht erklärt wird? So wird die Heuchelei empfohlen und belohnt, die Gewissenhaftigkeit und Ueber= zeugungstreue verfolgt und bestraft. Dieses Verfahren mochte einen scheinbaren Gewinn für den Augenblick versprechen, aber für die Zukunft brachte es unermeßlichen Nachtheil.

Diese Bahn war in politischer Hinsicht verderblich. Welchen Eindruck mußte es in ganz Deutschland machen, als der junge Fürst, welcher die Anwartschaft auf alle österreichischen Erblande und die meiste Aussicht auf die Kaiserwürde hatte, seine Laufbahn mit solchen Schritten begann! Dies geschah im Jahr 1600, und so wurde mit der ersten Stunde des neuen Jahrhunderts der ganzen Welt kund gethan, daß es mit dem besonnenen Katholi= cismus der früheren Kaiser zu Ende war.

Maximilian fand Bayern in einem etwas verkommenen
Zustande: es fehlte an Geld, an Kriegsrüstung, an Ordnung im
Staatshaushalte und in der Rechtspflege. Der neue Fürst war
schon mit 17 Jahren in die Geschäfte eingeführt worden und er
widmete sich ihnen mit Hingabe aller Kräfte. Er bewies sich als
einen jener starken vielseitigen Geister, wie Wilhelm III. von
England und Friedrich II. von Preußen. Er bewältigte die ver=
schiedensten Aufgaben, er war sein eigner Finanz=, Kriegs= und
Justizminister; er selbst besorgte die auswärtigen Angelegenheiten.
Er war zum Herrscher geboren. Er bewies die Vielseitigkeit
seiner Bildung, indem er die Pflege der Künste fortsetzte. Unter
ihm hat der niederländische Maler Peter de Witte oder Candito
München mit Kunstwerken geschmückt. Den Entwurf zu dem
Residenzbau, welcher 1616 vollendet wurde, machte Maximilian
selbst. Das merkwürdigste Denkmal seines Geschmacks ist der
große Antiquariumsaal (in welchen man von dem Muschelhof
aus gelangt) mit den an die Wände geschriebenen Sinnsprüchen.
Seine Vorstellungen von fürstlicher Würde waren despotisch ge=
färbt. Er versammelte die Landstände am Anfang seiner Regie=
rung, dann noch einmal nach sieben Jahren, dann aber nie wieder.
Er betrachtete die von ihnen bewilligten Steuern und Monopole
als gültig für die ganze Dauer seiner Regierung [13]). Maximilian
stand im kräftigsten Alter, als ihm Gelegenheit ward, in die
Angelegenheiten des Reichs einzugreifen. Obwohl er nur ein
kleines Ländchen beherrschte, that er sich doch als der Heißsporn
der streng monarchischen und streng katholischen Partei hervor in
dem Ueberfall von Donauwörth. Die Benedictiner dieses Reichs=
städtchens hielten am Marcustage 1606 eine Procession nach dem
Dorfe Ochseheim und wurden auf dem Heimweg von den prote=
stantischen Spießbürgern und Gassenjungen des Städtchens ver=
höhnt und auseinandergesprengt. Maximilian widmete sich mit

Vergnügen der Aufgabe, die Acht des Kaisers an dem Städtchen zu vollziehen, in demselben den katholischen Gottesdienst aufzurichten und es bei dieser Gelegenheit in Bayern einzuverleiben [14]).

Auf diese herausfordernde That folgte die Bildung der protestantischen Union unter dem reformirten Kurfürsten Friedrich IV. von der Pfalz, und als Erwiederung die Stiftung der katholischen Liga unter Maximilian. Diese war ein Verein von kleinen Mitteln und großen Entwürfen. Anfangs gehörten dazu nur die Bischöfe von Würzburg, Passau, Constanz und Augsburg, der Probst von Ellwangen und der Abt von Kempten. Später traten die drei geistlichen Churfürsten bei. So standen diese Wenigen der Uebermacht der protestantischen Reichsstände gegenüber.

Die beiden Sonderbündnisse waren deutliche Symptome davon, wie weit bereits die innere Auflösung und Zersetzung des Reichskörpers vorgeschritten war. Sie waren zugleich die Vorboten des herannahenden großen Sturmes.

Die protestantische Partei im Reiche war im Jahr 1600 bereits weniger mächtig, als 40 Jahre zuvor. Sie hatte durch die Gegenreformation herbe Verluste erlitten. Die drei geistlichen Kurfürsten von Mainz, Trier und Cöln hatten ihre Unterthanen zum katholischen Cultus zurückgeführt, ebenso die geistlichen Reichsstände von Fulda, Paderborn, Münster, Hildesheim, Würzburg und Salzburg. Die meisten Reichsstädte waren gespalten, auch in vielen von ihnen gelangte die katholische Partei wieder zur Herrschaft [15]). Indessen wären die Protestanten im Reich auch am Anfang des 17. Jahrhunderts den Katholiken weitaus überlegen gewesen, wenn sie unter sich einig geblieben wären. Aber die große und tief greifende Spaltung zwischen Lutheranern und Reformirten machte ihnen gemeinsames Handeln unmöglich.

Das Haupt der lutherischen Partei, welche an der unveränderten Augsburgischen Confession festhielt, war bekanntlich

Chur = Sachsen, d. h. die Albertinische Linie, seitdem Moritz die
Churwürde, und den Prinzipat unter den Lutheranern, seinen
Ernestinischen Vettern entrissen hatte.

Das lutherische Kirchenwesen hatte, besonders in seiner da=
maligen Gestalt, große Vorzüge. Der Cultus enthielt noch fast
alle Bestandtheile des feierlichen altchristlichen Gottesdienstes;
die heilige Schrift wurde mit Eifer studiert. Die Gelehrsamkeit
der Theologen übertraf alles, was die späteren Geschlechter ge=
leistet haben. Jene hatten eine wahrhaft eherne Arbeitskraft.
Die Erbauungsbücher jener Zeit enthalten reiche Schätze. Sie
wurden in unzähligen Haushaltungen als köstliche Erbstücke viele
Generationen hindurch bewahrt. Man nennt sie „alte Tröster";
dieser Name hat eine schöne Bedeutung, und sie verdienen ihn.
Das schönste Denkmal des Lutherthums sind die geistlichen Lieder.
In einer Zeit, da der alte, mächtige Baum der deutschen Poesie
fast ganz verdorrt war, grünte dieser Zweig noch fort und trieb
seine lieblichsten Blüthen. Die alt=lutherischen Lieder sollten auch
den Christen anderer Confession zu der Ueberzeugung bringen,
daß hier das innerste Heiligthum des christlichen Glaubens fort=
bestand.

Die Schwäche des lutherischen Kirchenwesens lag auf der
Seite des geistlichen Regimentes und der Disciplin. Die bischöf=
liche Leitung war bekanntlich durch Luthers rasches Vorgehen
aufgeopfert worden und das geistliche Regiment in die Hände der
Fürsten und ihrer Juristen gefallen; die Fürsten aber empfingen
ihre Impulse durch die Professoren der Theologie. Wenn nur
die Gelehrten und nicht die Oberhirten und Väter des Volkes zu
bestimmen haben, was der Kirche fromme, so wird bald die ein=
seitige Fürsorge für die richtigen Begriffe und Doctrinen vor=
walten, und die Pflege christlicher Sitte vernachlässigt werden.

Es entsteht die zarte Orthodoxie und es erhebt sich der theologische Parteigeist. Dieses Uebel entwickelte sich bekanntlich mit furchtbaren Folgen. Die Theologen suchten jene Strenge, womit Luther römisch-katholische und reformirte Ansichten zurückgewiesen hatte, nicht nur festzuhalten, sondern noch zu überbieten. Sie geriethen darüber unter sich in Kämpfe, bei denen sie ihre Existenz daran setzten und den Fürsten gegenüber die Kühnheit und Charakterstärke großer Demagogen bewiesen, aber das Wohl der christlichen Gemeinde gefährdeten. Jeder theologische Streit erschütterte damals zugleich die bürgerliche Ruhe. Es war eine nothwendige aber ungeheuer schwierige Aufgabe für die Fürsten augsburgischer Confession, eine leidliche Einheit aufzurichten und festzuhalten. Dieß geschah durch die Concordienformel von 1580. In Kursachsen selbst ging es bei der Feststellung des Lutherthums gegen die eindringenden reformirten Tendenzen nicht ohne Härte und Grausamkeit ab. Das traurige Schicksal des Arztes Peucerus, des Pfarrers Gundermann in Leipzig und des Kanzlers Crell in Dresden ist bekannt. Es walteten finstere Vorstellungen auf beiden Seiten. Die Lutheraner hielten dafür, die reformirte Lehre sei ärger als die muhammedanische, so schreckliche Consequenzen mußten sie aus Calvins Sätzen zu ziehen. Die Reformirten waren der Meinung, wenn Feuer und Wasser sich vereinigen, so daß jenes nicht mehr trockne, dieses nicht mehr lösche, dann erst und nicht eher sei an eine Vereinigung mit den Lutheranern zu denken [16]).

Mit dem Uebergang des Kirchenregiments an die weltlichen Fürsten stand auch die Vernachläßigung der christlichen Disciplin in Zusammenhang. Sind die Fürsten, die, ohne Rücksicht auf moralische und religiöse Eigenschaften, durch Geburt zum Besitz der Gewalt kommen, als solche zugleich Inhaber der bischöflichen Rechte, so wird zwar auf äußere Ordnung und auf Uebereinstim-

mung gesehen werden, aber die sittlich ernste und zugleich liebevolle
Ausübung christlicher Zucht, welche dem bischöflichen Amte obliegt,
wird Schaden leiden. Unstreitig ist in den lutherischen Ländern
für die Veredlung des Volkslebens zu wenig geschehen, und neben
dem Eifer für die Orthodoxie die Reinigung der öffentlichen
Sitte vielfach versäumt worden. Auf den Universitäten herrschte
zu derselben Zeit eine wahrhaft entsetzliche Roheit unter den
Studenten, und an den Höfen der lutherischen Fürsten bestand
in unerhörtem Maße das altgermanische Uebel der Trunkenheit
fort. So bei dem streng lutherischen Herzog Christoph von Würtemberg. Christian II., der die Calvinisten verfolgte, war täglich
betrunken und starb in Folge dessen vorzeitig am Schlagfluß.
Selbst die Prinzessinnen und Hofdamen bekamen in ihre Schlaf-
zimmer ungeheure Quantitäten Wein zum Schlaftrunk [17]). Diese
beiden Verirrungen — die Härte des Urtheils über anders Denkende, und die Vernachlässigung der christlichen Disciplin, —
sind es, die dem inneren Leben und dem Bestande der lutherischen
Kirche unabsehbaren Schaden zugefügt haben.

Der Religionsfrieden von 1555 erkannte blos zwei Parteien
an, aber unterdessen war noch eine dritte hinzugekommen, nämlich die reformirte. Diese verdankte ihr Gepräge nicht sowohl dem
Zürcherischen Prediger Zwingli, als dem französischen Reformator Johann Calvin aus der Picardie, und der von ihm errichteten Musterkirche in Genf. Dieser Mann waltete in jener
kleinen Republik wie einer von den großen Gesetzgebern des
Alterthums, und drückte dem Staat und dem Volksleben das
Gepräge seines Geistes auf. Dort brauchte er nicht wie Luther
Rücksichten auf Kaiser und Reich zu nehmen. Calvin hatte im
höchsten Maße die Entschlossenheit und Energie des Franzosen,
wodurch sich dieser von dem bedächtigen und rücksichtsvollen Deutschen unterscheidet. Er besaß nicht Luthers Pietät für das Ge-

schichtliche, nicht den Sinn für Kunst und Poesie und für ihre Verwandtschaft mit der Religion; seine Umgestaltung des Kirchen= wesens war durchaus radical: alles, was sich nicht buchstäblich im neuen Testament nachweisen ließ, sollte weggeschafft werden, das mystische Element in der Lehre, das symbolische Element im Gottesdienst wurde fast ganz beseitigt, die kirchliche Feier auf Predigt, Psalmengesang und extemporirtes Gebet reducirt. Die Stärke der calvinischen Reformation bestand in der Disciplin, womit in alle Lebensverhältnisse eingegriffen wurde. Unter Re= formation verstand Calvin Herstellung des christlichen Ernstes im Volksleben. Der Rath von Genf reichte ihm die Hand, und es wurden Sittengebote von drakonischer Härte, wie früher von den Hussiten, durchgesetzt. Bei dieser Reformation wurde die Herrschaft nicht den Gelehrten, nicht den Fürsten zugewiesen, sondern die Gemeinde wurde gehoben, sie wählte den Geistlichen, sie übte durch ihre Aeltesten die Kirchenzucht.

Dieß war die Reformation, welche in Frankreich von den Hugenotten nachgeahmt, welche in Schottland durch den kühnen Volksführer John Knox, in Opposition gegen die Königin Maria Stuart, durchgesetzt, welche in Holland bei dem großen Aufstand gegen die spanische Herrschaft eingeführt wurde. Diese Kirchen= form war es, welche im deutschen Reiche nach Luthers Tode aus einem Theil der Territorien das bereits eingeführte Lutherthum verdrängte. Den folgenreichsten Schritt in dieser Richtung that Kurfürst Friedrich III. von der Pfalz. Sein Haus stammte von Stephan, dem Sohne des Kaisers Ruprecht. Seiner Stellung nach war er der erste unter den vier weltlichen Kurfürsten. Er war anfangs Lutheraner. Er ging zur calvinischen Richtung über, er machte die Universität Heidelberg zur maßgebenden Hoch= schule für die reformirten Kirchen in Deutschland. Von seinen Theologen wurde das beste Lehrbuch der reformirten Kirche, der

Heidelberger Katechismus verfaßt. Die Gründe, die ihn zum
Uebertritt bestimmten, waren ehrenwerth. Er ließ sorgfältige
Kirchenvisitationen anstellen, um zu ermitteln, inwieweit seine
lutherischen Unterthanen die Anfangsgründe des Christenthums
gefaßt hatten. Das Ergebniß war sehr ungünstig. Er fand,
daß nur von der reformirten Kirche christliche Volksbildung zu
erwarten sei. Wie Calvin, hielt er die Schonung der Lutheraner
gegen Bilder und Ceremonien für eine Neigung zur Abgötterei,
und die Einführung des nüchternen reformirten Cultus hielt er
für gründliche Abschaffung der letzten Reste des Götzendienstes [18]).

Die Hinneigung zum Calvinismus machte damals reißende
Fortschritte. Der Landgraf Moritz von Hessen zerstörte in seinem
Ländchen die Kirchenbilder 1605, und vertrieb die lutherischen
Theologen. Der Kurfürst Sigismund von Brandenburg ging
1613 mit seinem Hof zum reformirten Bekenntniß über, doch
ohne sein Volk nachzuziehen. So viel vermochte der Eindruck,
den die größere praktische Frömmigkeit, und die verstandesmäßige
Consequenz der Reformirten hervorbrachte. Doch hat noch ein
anderes Moment mitgewirkt, nämlich der anhebende Geschmack
für das französische Wesen, denn der Calvinismus empfahl sich
durch die Eleganz der französischen Bildung, und stach dadurch
vortheilhaft gegen die Plumpheit der meisten lutherischen Theo=
logen ab.

Der Calvinismus war zugleich ein großes politisches Prinzip.
Er bildete die gewaltigste Opposition gegen den fürstlichen Despo=
tismus. Er trug in sich unverkennbar ein republikanisches Ele=
ment. Dieses wollten freilich die deutschen Fürsten nicht mit
einführen. Doch machte sich bei ihnen selbst auch der politische
Charakter des Calvinismus unaufhaltsam geltend, und als der
große Kampf des 17. Jahrhunderts entbrannte, nahmen die refor=
mirten Fürsten eine ganz andere Stellung zum Kaiser und zum

Reiche ein, als die lutherischen. Friedrich IV. von der Pfalz war das Oberhaupt der protestantischen Union, der lutherische Kur= fürst Christian II. von Sachsen dagegen suchte die Aufnahme in Maximilians katholische Liga nach [19]), und als der Krieg aus= brach, sah man Sachsen und Oesterreich innig verbunden wie im Jahre 1866. Diese Verbindung beruhte zum Theil darauf, daß sich die Lutheraner mit den Katholiken verwandter fühlten, als mit den Reformirten, zum andern Theil aber war sie eine Nach= wirkung der Pietät, welche Luther gegen das Reichsoberhaupt fest= gehalten, und der deutschen Gesinnung, die er stets bethätigt hatte. Das Lutherthum war schwächer in seiner Wirkung auf das Volks= leben, aber loyaler in seiner Gesinnung gegen Kaiser und Reich.

Dieß zeigte sich deutlich während der böhmischen Revolution.

Wir nennen mit Recht die Bewegung, die in Böhmen unter Rudolf begonnen hatte und 1618 aufs Neue ausbrach, eine Revo= lution. Sie hatte zugleich einen confessionellen und politischen Charakter. Die beiden alten hussitischen Parteien, die Ultra= quisten und die mährischen Brüder, waren durch die deutsche Reformation geistig erstarkt. Die hervorragenden Männer blieben nicht mehr auf dem Standpunkte von Huß stehen, sie waren dem Wesen nach Lutheraner. Der althussitische Geist in ihnen war sogar dem Calvinismus verwandt. Böhmen war unter Rudolf II. fast ganz protestantisch.

Die politische Seite der Bewegung hat eine erstaunliche Aehnlichkeit mit der englischen Revolution, welche nicht lange nach der böhmischen ihren Anfang nahm. Die böhmischen Stände suchten wie das englische Parlament, auf Grund ihrer mittel= alterlichen Privilegien, der Krone neue Rechte abzugewinnen. Sie wachten eifersüchtig über ihre neugewonnenen Freiheiten; Rudolfs Majestätsbrief von 1609 war für sie dasselbe, was für das englische Parlament die Petition of rights von 1628. Sie waren reizbar und mißtrauisch gegen die Krone, und so erklärt es sich, daß ein kleiner Vorfall Signal zum Ausbruch des Krieges werden konnte. Bei der überall steigenden Reaction des Katholicismus wurden die protestantischen Stände Böhmens im höchsten Grade aufgebracht, als der Kaiser Matthias die Schließung und Zerstörung der neuerbauten protestantischen Kirchen in Braunau und Klostergrub gut hieß. Wie der Bruch in England an dem Tage eintrat, als König Karl I. in das Parlament eindrang, um die fünf Mitglieder zu verhaften, so der Bruch in Böhmen, als Graf Thurn mit ständischen Abgeordneten und mit Bewaffneten in das Schloß zu Prag eindrang, und als man die verhaßten katholischen Räthe des Kaisers Martiniz und Slawata und den Geheimschreiber Fabricius zum Fenster hinausstürzte. Es war dieß eine Frevelthat. Die drei Männer wurden in mörderischer Absicht von einer Höhe von 28 Ellen herabgeworfen und ihnen Flintenschüsse nachgesandt. Die Rettung dieser Männer, trotz der schweren Verletzungen, die sie erlitten, wurde von den Katholiken als ein Wunder des Himmels angesehen, von den Protestanten thörichterweise als Wirkung der Zauberei erklärt [20]).

In dem Kriege, der nun folgte, und auf eine solche That folgen mußte, handelte es sich nicht allein um die Religionsfreiheit, sondern, wie in dem englischen Bürgerkrieg, um Sein oder Nichtsein der ständischen Rechte. So ähnlich waren beide Bewegungen nach Ursprung und Bedeutung, aber entgegengesetzt war der Ausgang. Böhmen hatte nicht die insulare Lage von England, welche dort den Sieg der Freiheit möglich machte; es wurde in das allgemeine Schicksal der Continentalstaaten mit hineingerissen.

Der alte Kaiser Matthias und sein Minister Cardinal Khlesl suchten eine Vermittlung, aber Erzherzog Ferdinand, der bereits unter Rudolfs Veranstaltung als König von Böhmen

anerkannt worden war, setzte Khlesls Verhaftung durch. Darüber
starb der alte Kaiser. Ferdinands Anerbietungen waren fried=
lich, aber sie wurden von den Böhmen mit dem entschiedensten
Mißtrauen aufgenommen. Bereits waren Ferdinands Heer=
haufen in Böhmen eingerückt, da drang Graf Thurn mit einer
böhmischen Kriegsmacht bis in die Vorstadt von Wien. Die
Wiener selbst waren zum Theil mit Ferdinand zerfallen, dieser
befand sich in der Hofburg ohne Vertheidiger, und seine Freunde
riethen ihm zu fliehen. In diesem entscheidenden Augenblick betete
er vor dem Crucifix in seinem Zimmer. Da soll er die Worte
gehört haben: Ferdinande, non te deseram. Jedenfalls stand
er mit dem festen Entschluß auf, seine Stelle nicht zu verlassen.
Deputirte der protestantischen Stände Oesterreichs bestürmten ihn,
den Böhmen nachzugeben. Unterdessen zögerte Thurn mit dem
Angriff auf die Stadt. Auch hatte er ein Thor unbesetzt gelassen.
Da vernahm Ferdinand, noch in Unterredung mit den stürmischen
Deputirten, Trompetenschall; es waren kaiserliche Reiter, von
Dampierre's Schwadronen, die in die Stadt eindrangen, und vor
denen die Deputirten die Flucht ergriffen. Graf Thurn hatte den
Moment versäumt, wo er Ferdinand gefangen nehmen und
Wien selbst zum Mittelpunkt der Bewegung machen konnte
(11. Juni 1619) [21].

Durch diese unerwartete Wendung, und durch einen Sieg
seiner Truppen in Böhmen, bekam Ferdinand Luft, so daß er
zur Kaiserwahl nach Frankfurt reisen konnte. Hier gaben ihm
nicht nur die geistlichen Kurfürsten, sondern auch die beiden prote=
stantischen von Sachsen und Brandenburg ihre Stimmen. Der
pfälzische Gesandte trat der Majorität bei. Als aber die Fürsten
unmittelbar nach der Wahlhandlung in die Kirche schritten, wo
sich der neu erwählte Kaiser dem Volke zeigen sollte, da entstand
unbeschreibliche Aufregung durch die Nachricht, die sich als ein

Lauffeuer verbreitete, daß die Böhmen den Kurfürsten Friedrich V.
zu ihrem König gewählt hätten. Die böhmischen Stände machten
es geltend, daß Böhmen von jeher ein Wahlkönigreich (wie Polen)
gewesen sei. Ferdinands Wahl sei ungültig geworden, indem er
seine Zusagen nicht gehalten, und durch fremdes Kriegsvolk in
Böhmen grausame Tyrannei geübt. Dieser kühne Schritt im
Verlauf der böhmischen Revolution ist mit der Absetzung des
Königs Karl in der englischen zu vergleichen, wiewohl mit dem
Unterschied, daß die Böhmen mehr Recht für sich hatten, und daß
sie nicht, wie das englische Parlament, die Republik proklamirten.
Sie wollten die Grundlage der alten Staatsverfassung nicht zerstören, und sie bedurften für den bevorstehenden Kampf ein mäch-
tiges, auswärtiges Haupt. Ein solches glaubten sie in Friedrich V. zu finden. Jedoch nicht seine persönlichen Eigenschaften
waren es, die ihn empfahlen, sondern nur seine ererbte Stellung.
Er hatte als Oberhaupt der Union deren Kriegsmittel zur Verfügung. Er war Eidam des Königs von England, von dessen
Beistand man großes erwartete. Er war der erste unter den
weltlichen Kurfürsten, und sobald er mit der pfälzischen Chur die
böhmische vereinigte, bekamen die protestantischen Stimmen in
dem Collegium der sieben Wähler die Mehrheit.

Friedrich war ein 23jähriger junger Mann, französisch elegant gebildet, keiner schweren Verirrungen schuldig, aber oberflächlich, tändelnd und vergnügungssüchtig. Im Jahre 1614
hatte er die gefeierte Prinzessin Elisabeth von England heim-
geführt, damals folgte auf dem Schlosse zu Heidelberg Fest auf
Fest [22]). Er selbst erschrak anfangs vor dem ernsten Anerbieten,
und sogar ein großer Tintenklecks auf dem böhmischen Schreiben
erschien ihm als bedenkliches Vorzeichen. Es fehlte nicht an ge-
wichtigeren Warnungen. Seine Mutter Juliane erkrankte vor
Angst. Sein Vetter Max von Bayern, der streng monarchisch

7 *

gesinnte, warnte ihn brieflich, er solle keine Krone von Empörern annehmen. Seine junge Gemahlin hatte zwar nicht für die Sache intriguirt, denn sie kümmerte sich mehr um Komödien, Bälle und Romane[23]), aber nun war sie für die Annahme, sie fühlte sich als Königstochter aus dem stolzen Geschlechte der Stuarts, als Tochter des Königs Jakob von England, als Enkelin der unglück- lichen Maria Stuart. Den verderblichsten Rath gab der calvi- nische Hofprediger Abraham Scultetus. Er empfahl die An- nahme als eine religiöse Pflicht, zur Förderung des reformirten Glaubens.

Der Einzug des jungen Paares in Prag und die Krönung war pomphaft. Aber Friedrich zeigte sich der Aufgabe von An- fang an nicht gewachsen. Ein solches Unternehmen muß man entweder gar nicht anfangen, oder mit der äußersten Energie durch- führen. Diese mangelte ihm gänzlich, er fühlte sich in einer fal- schen Stellung gegen seinen Kaiser, und suchte denselben noch zu begütigen. Seine Verwaltung war eine Reihe von politischen Mißgriffen. Er verleugnete die fürstliche Würde, auf welche man bei den slavischen Völkern so viel hält, indem er sich auf gemüth- liche pfälzische Weise mit den Leuten gemein machte, und die Damen des Hofes gaben den streng gesinnten böhmischen Damen Anstoß durch ihre Toilette. Der ärgste Fehler war der durch den Hofprediger eingeleitete Bildersturm in der Domkirche. Das große Crucifix mit den Statuen der Jungfrau Maria und des Johannes wurden, als wären sie Götzenbilder, zertrümmert, Taufsteine und Altäre umgerissen, Reliquien verbrannt, und in der kahl gemachten Kathedrale ein unfeierliches, die Gefühle der Lutheraner schwer verletzendes Abendmahl gehalten. In Böhmen selbst wurde dadurch der Riß zwischen Lutheranern und Refor- mirten unheilbar.

Für Maximilian war nun der Augenblick gekommen, sich

zum Kampfe für Thron und Altar zu gürten. Ferdinand sprach ihn auf der Heimreise von Frankfurt um Hülfe an. Die Gefahr war dringend; nicht nur Böhmen, Mähren und Schlesien waren abgefallen, die Ungarn waren schwierig, die Böhmen suchten ein Bündniß mit den Türken, das protestantische Oesterreich ob der Enns war in vollem Aufstand. Ferdinand war in einer ähnlichen Lage wie Maria Theresia beim Antritt ihrer Regierung. Da war für Maximilian, wenn er in den Kampf eintrat, alles zu verlieren, aber auch großes zu gewinnen. Die Handlungen der Menschen werden durch gemischte Beweggründe bestimmt. Gewiß war bei Maximilian das Pflichtgefühl und das Vertrauen auf die Sache, die er für ganz gerecht hielt, überwiegend, doch lockte zugleich die Vergrößerung Bayerns und der Ruhm des bayerischen Hauses als ein glänzender Lohn. 20 Jahre hatte Maximilian der Verwaltung Bayerns gewidmet; nun, da der Kriegsruf erscholl, wurde er und sein Volk und sein Feldherr Tilly gerüstet erfunden. Dieser Johann Tscherklas Freiherr von Tilly stammte aus Brabant, ein schon ergrauter Kriegsmann, von strenger Sitte und kirchlicher Frömmigkeit, er war Maximilians Kriegsminister und commandirte die Truppen der Liga.

Ferdinand handelte im Bewußtsein der Kaiserwürde. Diese war unter Rudolf und Matthias gesunken, aber sie hatte deswegen ihr Prästigium noch nicht verloren. Maximilian mußte zuerst Linz in Unterwürfigkeit bringen, dann drang er mit Tilly im September in Böhmen ein. Maximilian sah mit Schrecken zum erstenmal die Kriegsfurie losgelassen, und klagte brieflich dem Kaiser, daß er sein eigenes Volk nicht bändigen könne, welches mit Plündern, Rauben und Brennen, mit Niederhauene selbst der Katholiken und Zerstörung der Kirchen übel hause [24]). Die Entscheidung erfolgte bekanntlich am 8. November 1620 unmittelbar vor Prag auf dem weißen Berge, welcher übrigens nicht sowohl

ein Berg, als ein mäßiges Plateau ist. Die Böhmen und Un=
garn waren in ihrer Stellung stark genug, aber aus Mangel an
Einheit, Disciplin und Führung ging alles verloren. Prinz
Christian von Anhalt rieth dem jungen König, für den die Bürger
von Prag kämpfen wollten, zur Flucht. In einer Stunde nahm
der vergängliche Glanz dieses Königthums ein Ende für immer.
Der Contrast zwischen den vorangegangenen festlichen Tagen und
zwischen der kläglichen Flucht der ganzen Königsfamilie forderte
die Menschen zum Spott heraus. Damals erschien ein satirisches
Gedicht: „Die böhmische Tragödi", welches um so mehr komische
Wirkung hat, weil es nach dem gesunkenen Geschmack jener Zeit
das Lateinische und Deutsche vermischt. Friedrich spricht:

> Eid bin, Eid her, hoc vult mea,
> Daß ich sei König, domina.

Die Erzählung der Flucht lautet:

> Man greift an castra hostium,
> Gott rächet das perjurium.
> Es fleucht der Pfalzgraf ocyus,
> Nichts ist ihm fugä potius.
> Im Stich läßt er tot millium.
> Ach, ach, cruorem militum.
> Mit ihm fleucht auch sein domina,
> Es geht schier aus ihr anima,
> Ein Esel war vehiculum,
> Ein Zelter das curriculum u. s. w.

In dem Gepäck, welches Friedrich auf der Flucht zurückließ,
befanden sich auch die französischen Briefe des jungen Fürsten an
seine Gemahlin; diese Originalien befinden sich bekanntlich unter
den Merkwürdigkeiten der Staatsbibliothek in München. Man
sieht daraus, daß in den Monaten, wo es galt, sein Königreich
zu befestigen, ihn eine Perlenschnur, eine neue Feder auf dem
Hut, die Liebesangelegenheit eines Höflings oder die Pracht eines

Festes mehr interessirte, als die Macht des Kaisers, der Liga und des sächsischen Kurfürsten, der sich mit dem Kaiser verband [25]).

Maximilian ließ sofort die drei Prager Städte dem Kaiser aufs neue schwören. Er dankte Gott in der Kirche, er schrieb an den Papst die bescheidenen Worte: „Ich kam und sah, Gott aber siegte." Zugleich aber mußte er auch in Prag die schreckliche Erfahrung von der Roheit und Grausamkeit der Soldaten machen. Sie hießen damals Knechte, Fußknechte, Kriegsknechte, sie waren geworbene Söldner. In der Regel waren es die verdorbensten Menschen jener wilden Zeit, die sich anwerben ließen. So hat schon in seiner ersten Periode jener große Krieg seinen scheußlichen Charakter entwickelt. Ehe Wallenstein auftrat und seine wilden Horden sammelte, wurden bereits die größten Greuel ausgeübt, sowohl von den Truppen der protestantischen Abenteurer Ernst von Mansfeld und Christian von Halberstadt, als auch der kaiser= lichen und ligistischen Feldherren.

Während nun die spanischen Hülfstruppen unter Spinola die Pfalz eroberten, Tilly bei Wimpfen und Höchst siegte und Heidelberg einnahm, wurde die Gegenrevolution in dem über= wältigten Böhmen in Angriff genommen. Kaiser Ferdinand ver= kündigte ohne das herkömmliche Rechtsverfahren am 23. Januar 1621 die Acht über den flüchtigen Pfalzgrafen und dessen Genossen. Er saß im Rittersaal auf dem Throne und nach Vorlesung der Acht setzte er nach altem Brauch den Fuß auf die vorgelegten Papiere, ließ sie zerreißen und zum Fenster hinauswerfen. Die Unionsfürsten waren von Schrecken überfallen, und lösten frei= willig ihren Bund auf. In einem damaligen Gedicht hieß es:

> „Der Unirten Treu' ging ganz verlor'n,
> Kroch endlich in ein Jägerhorn,
> Der Jäger blies sie in den Wind,
> Das macht, daß man sie nirgend findt [26])."

Mähren und Schlesien eilten sich zu unterwerfen. Schlesien verdankte die Schonung seines protestantischen Kirchenwesens der Vermittelung des sächsischen Kurfürsten, und der lutherische Hofprediger Hoe hielt in Breslau bei der neuen dem Kaiser geleisteten Huldigung die Predigt, in welcher er den Kaiser als der wahrhaftigsten, frömmsten, treuherzigsten Herren einen pries. „Ein solcher Herr, der auf gut deutsch redlich und aufrichtig halte, was aus seinem kaiserlichen Munde gegangen." Man hat dafür gehalten, Hoe war von österreichischem Gelde bestochen. Ich nehme an, er hatte wirklich Gefühle der Loyalität gegen den Kaiser; er war ein geborener Wiener.

Für Böhmen verwendete sich Johann Georg von Sachsen vergeblich. Als Tilly das Commando in Prag führte, gab er den Direktoren der böhmischen Stände die Gelegenheit und sogar den Rath zur eiligen Flucht. Sie benutzten ihn nicht; 48 vornehme Männer wurden zur Haft gebracht, vor Gericht gestellt und in der Kanzlei, wo vor drei Jahren die Räthe des Kaisers aus dem Fenster gestürzt waren, wurden 28 zum Tode verurtheilt und zwar zu einer mit furchtbaren Grausamkeiten verschärften Todesstrafe. Es war eine schwere Nacht, welche Ferdinand durchmachte, als er über die Bestätigung dieser Urtheile entscheiden sollte. Es würde ihm Ruhm und Gedeihen gebracht haben, wenn er in diesem politischen Prozeß Gnade erwiesen hätte, weil in solchen Kämpfen die Rechtsfrage allemal außerordentlich schwierig ist, und deßhalb die moralische Beurtheilung eine andere sein muß, als bei gemeinen Verbrechen. Am Morgen fragte Ferdinand seinen Beichtvater, den Jesuitenpater Lamormain (die Wiener nannten ihn Lämmermann; er war ein Belgier oder Wallone mit französischem Namen). Dieser, anstatt als ein Diener Christi zur Begnadigung zu rathen, gab die ausweichende Antwort: es liege beides in Seiner Majestät Händen. Ferdinand beschloß einige

Milderungen. Am 21. Juni wurde das schreckliche Urtheil voll=
zogen. Am 21. Juni 1621 wurden die Thore von Prag ge=
schlossen, der Marktplatz mit Truppen besetzt. Vor dem Rathhaus
war ein Schaffot errichtet, mit Treppen auf beiden Seiten. Am
frühen Morgen erblickten die Verurtheilten einen Regenbogen am
Himmel, in dem sie ein tröstliches Zeichen erkannten. Früh um
5 Uhr wurde durch einen Kanonenschuß und Trommelwirbel das
Zeichen gegeben. Die Verurtheilten wurden in Kutschen zum
Schaffot gefahren. Auf der einen Seite stiegen sie hinauf und
knieten einer nach dem andern auf einem schwarzen Tuch nieder,
auf der andern Seite standen sechs schwarzvermummte Männer,
welche die Leichname der Enthaupteten fortschafften. Ein Scharf=
richter schlug ohne einen einzigen Fehlstreich, mit vier Schwertern,
27 Häupter ab, um 9 Uhr war alles beendigt. Alle diese Männer
starben wie christliche Heroen; nicht einer wehklagte, sie bereiteten
sich mit Gebet und Gottvertrauen. Vergeblich hatten sich die
Jesuiten bemüht, sie in ihrem Glauben wankend zu machen.
Auf die Mahnung, daß Jedermann der Obrigkeit unterthan sein
soll, erwiderten sie: auch die Stände Böhmens seien ein Theil
der Obrigkeit. Ferdinand hätte wahrscheinlich Gnade eintreten
lassen, wenn sie abgebeten hätten, aber kein einziger widerrief,
keiner wollte den Rechten Böhmens etwas vergeben. Es waren
meistens alte Männer, zehn unter ihnen hatten zusammen ein
Alter von 700 Jahren. Ein Begnadigter wurde mit der Zunge
an den Galgen genagelt, und starb in Folge dessen am kalten
Brande.

Dieses Gericht hat eine lange Nachwirkung hinterlassen.
Aehnliches war in England — von Heinrich VIII., von Elisabeth
und Jakob I. — gegen die Katholiken verübt worden, noch schreck=
licheres gegen die Protestanten in den Niederlanden durch Alba.
Aber auf dem Boden des deutschen Reichs war dieß die erste

große Rachethat dieser Art; und nicht allein die Häupter dieser tapferen Männer, sondern auch die Freiheiten Böhmens sind damals gefallen. Den Majestätsbrief Rudolfs hat Ferdinand zerschnitten und das Siegel ins Feuer geworfen [27]).

Die englische Revolution führte zur Hinrichtung des Königs, die böhmische Revolution hatte den entgegengesetzten Ausgang und führte zur Hinrichtung der ständischen Häupter. In England hat sich das Königthum wieder erhoben und in das richtige Verhältniß zum Parlament gesetzt. In Böhmen hat sich die Freiheit nicht wieder erhoben und das richtige Verhältniß zwischen Krone und Ständen ist nicht wieder hergestellt worden. Das ist eben der unglückliche Entwickelungsgang der Continental-Staaten und ganz besonders der deutschen Fürstenthümer gewesen. Ungarn allein hat durch alle Zeiten die Grundlagen seiner mittelalterlichen Verfassung bewahrt. In den deutschen Reichslanden dagegen ging es wie in Böhmen, wenn auch nicht so gewaltsam. Die Stände und die ständischen Rechte wurden im Verlauf des 17. und 18. Jahrhunderts durch den fürstlichen Despotismus zu nichte gemacht. Während England seine politische Entwickelung seit 1689 ohne weitere Revolution fortsetzen konnte, sind die Staaten des Continents in Folge jener unglücklichen Entwickelung in ein Zeitalter der Revolutionen geführt worden. Oesterreich befindet sich noch mitten in der Umwälzung und die Unabwendbarkeit dieser Umwälzung beruht im letzten Grunde auf der Politik, welche Ferdinand II. eingeschlagen hat. Er huldigte der gefährlichen Lehre von verwirkten Volksrechten, welche der Landesherr cassiren kann. Aber diese Lehre ruft mit innerer Nothwendigkeit die Lehre von verwirkten Fürstenrechten hervor, und die fürstliche Gegenrevolution, weit entfernt Ruhe und Friede zu schaffen, wird zur Quelle neuer gefährlicher Erschütterungen.

Ferdinands Verfahren war in politischer Hinsicht noch nicht

so schlimm wie in kirchlicher. Die Gegenreformation, welche Ferdinand als Jüngling in kleineren Kreisen durchgeführt hatte, wurde nun nach größerem Maßstabe in Böhmen durchgeführt. Auf den Rath des päpstlichen Nuntius Caraffa wurden die lutherischen Geistlichen verbannt. Der protestantische Cultus war verpönt, während man doch die Synagogen der Juden duldete. So übel wurde die Loyalität des lutherischen Kurfürsten von Sachsen belohnt! Das Auftreten der kaiserlichen Commissäre rief an mehreren Orten Empörungen hervor; im traurigsten Andenken stehen die „Lichtensteinischen Seligmacher" d. h. die Reiterschaaren, welche im Voraus die Dragonaden Ludwigs XIV. ausführten. Sie wurden in die protestantischen Ortschaften gelegt, um die Leute, die nicht katholisch werden wollten, zur Verzweiflung zu bringen. Selbst Friedrich Hurter, der in seinen elf Bänden alle die traurigen Maßregeln Ferdinands vertheidigt, kann doch die Klage nicht zurückhalten, daß dadurch viele zu Heuchlern geworden sind. Die Jesuiten rückten in die Stellen der vertriebenen Prediger ein, und um in dem Volke die Erinnerungen an Johannes Huß zu verwischen, erfanden sie einen neuen böhmischen Schutzheiligen, auch einen Johannes, den Johann Nepomuk, dessen Bildsäulen zur Verehrung aufgestellt wurden. In jenen Jahren des Jammers sind 30,000, nicht Personen, sondern Familien von Böhmen ausgewandert, darunter 185 Adelsgeschlechter. Unter jenen 30,000 sind die protestantischen Landleute nicht mitbegriffen; denn den Bauern war die Auswanderung verboten. So war es möglich, daß 160 Jahre später, als Joseph II. die Religionsfreiheit verkündigte, viele Landleute in Böhmen sich als Protestanten zu erkennen gaben; sie hatten während fünf Menschenalter im Verborgenen die althussitische und protestantische Ueberzeugung ihrer Vorfahren bewahrt.

Ebenso wurden in Mähren die mährischen Brüder, die letzten

Reste der Taboriten verfolgt. 1627 flüchteten sie mit ihrem Bischof Johann Amos Comenius (der als Pädagog und als Verfasser des Orbis Pictus bekannt ist) nach dem Königreich Polen.

Auf der Höhe des Gränzgebirges sah er sich noch einmal um, fiel mit seinen Begleitern auf die Knie und betete zu Gott, daß er mit seinem Worte nicht ganz aus Böhmen und Mähren weichen, sondern sich noch ein Volk erhalten wolle. Er sah die Gemeinde um sich her verschwinden, er gab ihre Kirchengeschichte und Kirchenordnung heraus, und vermachte sie in Hoffnung auf künftige bessere Zeiten, wie in einem Testament, der bischöflichen Kirche von England. Seine Gemeinde ist wieder aufgelebt. Es waren ihre letzten Reste, welche der Graf Zinzendorf sammelte und aus denen er (101 Jahre nach dem Prager Strafgericht) die Herrnhuthische Brüdergemeinde bildete.

Böhmen war beim Tode Ferdinands, dem Scheine nach wenigstens, ganz katholisch. Es war seiner alten Freiheiten, seines Wohlstandes und seines Nationalgefühls beraubt [28]).

Danebenher ging die Gegenreformation im Erzherzogthum Oesterreich und mit Bayerns Hülfe die Unterdrückung des großen Bauernaufstandes, an dessen Spitze der Hutmacher Fadinger und sein Nachfolger Wielinger standen.

Maximilians Feldherr Tilly hatte die Eroberung der Pfalz vollendet, Heidelberg war eingenommen, Maximilian sandte die Heidelberger Bibliothek, damals die kostbarste in Deutschland, als Geschenk nach Rom. Maximilian wurde großartig belohnt. Wie einst Karl V. die sächsische Kurwürde von dem ernestinischen Zweig auf den albertinischen übertragen hat, so übertrug nun Ferdinand II. von der pfälzischen Linie der Wittelsbacher die Kurwürde auf die bayrische. Maximilian bekam die Herrschaft über die Oberpfalz, er empfing die Huldigung zu Amberg und führte das ganz protestantische Ländchen mit Gewalt zum Katholicismus zurück.

Der Grund war gelegt, auf dem nun die kaiserliche Macht sich zu ihrem Höhepunkt erheben konnte.

Während dieser Kriegsjahre befand sich das ganze protestantische Norddeutschland noch in tiefer Ruhe und unternahm nichts gegen die Fortschritte der kaiserlichen Waffen. Erst hinterher regte sich der niedersächsische Kreis und wählte den König Christian IV. von Dänemark zum Oberhaupt. Diese Gefahr war es, welche den Grafen Albrecht von Waldstein auf seine glänzende Laufbahn führte. Es ist nicht Zeit, diese zweite Periode des großen Kampfes, den dänisch-niedersächsischen Krieg und die Erfolge Tilly's und Wallensteins zu schildern. Christian IV. war ein Mann von großer persönlicher Tapferkeit, eine Gestalt wie die alten nordischen Helden; aber seine Kriegführung war unglücklich. Gleich beim Anfang des Feldzugs stürzte er mit seinem Pferde in eine tiefe Grube und wurde bewußtlos herausgezogen. Dieser Vorbedeutung entsprach der weitere Verlauf. 1627 standen die Truppen Wallensteins in Jütland. Er besetzte die mecklenburgische und pommerische Küste. Der Kaiser ernannte ihn zum Admiral des oceanischen und des baltischen Meeres. Es bestand der große und wahrhaft kaiserliche Plan, die Herrschaft der Dänen und Schweden über die Ostsee zu brechen und die deutsche hanseatische Seemacht aufzurichten. Seit den Hohenstaufen hatte keines Kaisers Scepter sich so über ganz Germanien erstreckt.

Auf diesem Punkte angelangt wagte Kaiser Ferdinand einen Schritt, welchen man als Schlußpunkt der ganzen großen, durch zwei Menschenalter fortgesetzten Reaction betrachten muß. Er erließ am 6. März 1629 das Restitutionsedict. Seit 74 Jahren, nämlich seit dem Augsburger Religionsfrieden, waren in Nord-

deutschland nicht weniger als vierzehn reiche Erzbisthümer und
Bisthümer durch die Protestanten in Besitz genommen worden.
Alle diese mit ihren unermeßlichen Einkünften sollten nun in den
Besitz der Katholiken zurückkehren. Dadurch stand die Errichtung
einer ganzen Anzahl von katholischen Herrschaften in Aussicht;
Gegenreformationen in ganz Norddeutschland waren zu erwarten.
Die Forderung war nach dem Buchstaben des Religionsfriedens
gerecht, aber indem man keine Verjährung gelten lassen wollte,
war ganz Norddeutschland mit einer Umwälzung des Besitzstandes
bedroht. Dazu stand noch ein weiteres Schreckbild im Hinter=
grund. Wie in unserem Jahrhundert alle Freunde der Freiheit
mit Besorgniß auf Rußland blicken und in dem schrecklichen
Schicksal Polens eine Vorbedeutung dessen sehen, was auch
andere treffen kann, ähnlich sah damals das ganze protestantische
Europa mit Grauen auf Spanien, den spanischen Despotismus
und die Inquisition. Was im Auftrag des Habsburgers Phi=
lipp II. in den Niederlanden geschehen war, was im Auftrag des
Habsburgers Ferdinand II. soeben in Böhmen vollzogen wurde,
das ließ, wenn die Habsburgische Macht ganz Deutschland um=
fing, die trübste Zukunft erwarten. Sollte auch Deutschland ein
Spanien werden, von einem einzigen Despoten beherrscht und
durch die Inquisition geistig geknechtet?

Besorgniß vor der kaiserlichen Politik ergriff auch die katho=
lischen Fürsten, denn der rechte Arm des Kaisers war der auch für
sie gefährliche Wallenstein. Ferdinand II. war noch ein rechtlicher
Fürst und hatte gewiß nicht die Absicht, die Reichsverfassung zu
zerstören. Aber von Wallenstein konnte man das Schlimmste
erwarten. Wallenstein war der Mann dazu, um mit gesetzlosen
Mitteln die Umgestaltung Deutschlands in einen einheitlichen
Staat in der Form des militärischen Despotismus durchzuführen.
Nach dem Volkswohl fragte er nichts, denn sein ganzes Kriegs=

wesen war eine Ausraubung der Freunde sowohl als der Feinde, sein Heer eine Plage, auch für die dem Kaiser ganz treu gebliebenen Länder. Nach den Fürsten fragte er nichts, er, der einfache böhmische Edelmann, sagte offen: man brauche keine Kurfürsten. An der Kirche war ihm wenig gelegen, die Jesuiten wollte er zum Teufel jagen, nur weil das kirchliche Interesse mit dem kaiserlichen eng verbunden war, kämpfte er auch für jenes.

So kam es dahin, daß auf dem Reichstag von 1630 die Fürsten, und an ihrer Spitze Maximilian von Bayern, Wallensteins Entlassung verlangten. Maximilian erkannte in Wallenstein ganz richtig das revolutionäre Element, und dasselbe conservative Interesse, welches ihn bis daher an den Kaiser gefesselt hatte, bestimmte ihn nun zur Opposition, ja zu einem geheimen Schutzbündniß mit Frankreich; denn ohne Zweifel bestand die Gefahr, daß Wallenstein, der mit seiner Armee in Schwaben lag, die in Regensburg versammelten Fürsten überfiele und die Revolution im Sinne eines kaiserlichen Militärdespotismus durchführte [29]). Zum Erstaunen Vieler beschloß der Kaiser die Entlassung, und zu noch größerem Erstaunen nahm Wallenstein sie an und ging von dem Lager bei Memmingen auf seine Güter nach Böhmen. 60,000 Mann der kaiserlichen Armee wurden entlassen. Und dieß geschah, unglaublich zu sagen, in dem Augenblick, als schon der neue, der gefährlichste Feind des Kaisers mit einem Heere in Deutschland gelandet war, nämlich Gustav Adolf.

Am 9. December 1594 wurde auf dem Schlosse zu Stockholm Gustav Adolf geboren. Der Vater war der nachmalige König Karl IX. von Schweden, die Mutter Christine geborene

Prinzessin von Holstein=Gottorp. Den Namen Gustav erhielt
der Knabe von dem schwedischen Großvater Gustav I., dem Grün=
der der Wasa=Dynastie; den Namen Adolf von dem anderen
Großvater, dem Herzog Adolf von Holstein, so daß schon seine
beiden Namen seine Stellung zwischen den beiden Nationen be=
zeichnen: er war halb Schwede, halb Deutscher. Zehn Jahre vor
Gustav Adolfs Geburt erschien ein neuer Stern in der Kassiopeia,
und der Astronom Tycho de Brahe prophezeite, daß im Norden
ein großer Prinz zur Welt kommen werde, der bestimmt sei,
wunderbare Thaten zu verrichten und den Protestantismus zu
retten. Neben unzähligen trüglichen Prophezeiungen der Astro=
logen war dieses eine, welche besser eintraf, als die dem Kaiser
Rudolf II. gemachten.

Zwischen den Scandinaviern und Germanen besteht Ur=
verwandtschaft, wahrnehmbar in ihrer Mythologie und Sprache.
Als König Ludwig der Fromme den Besuch des Dänen=
fürsten Harold empfing, und ihn in Ingelheim zur Taufkapelle
geleitete, als er den Bischof Ansgarius zu den nordischen Völkern
sandte, da that er es in Anerkenntniß der alten Stammesver=
wandtschaft ³⁰). Der spätere Gegensatz war und ist nicht national
und natürlich, sondern politisch und künstlich. Die drei christlichen
Reiche des Nordens, Dänemark, Norwegen und Schweden, wur=
den bekanntlich in der kalmarischen Union durch die Königin
Margaretha unter einer Krone vereinigt. Das Königshaus war
dänisch, aber wie die Verfassung, so blieb der Charakter der
Stämme getrennt, und Schweden fügte sich ungern. Christian II.
von Dänemark, mit dem Zunamen der Böse, reizte die Schweden
zur Empörung. Gustav Wasa begründete durch eine Reihe kühner
Thaten und wunderbarer Schicksale die Unabhängigkeit seines
Vaterlandes. Er stützte sich auf die Kraft des Bauernstandes,
und rettete den Adel von der grausamen Herrschaft Christians.

Eben damals ging die volksthümliche Bewegung, welche Luther angeregt hatte, auch auf den Norden über. Im Gegensatz zu dem streng päpstlichen Dänenkönig nahm Gustav Wasa und die ganze schwedische Nation das Lutherthum an. Man sah darin ein Mittel nicht nur zur Förderung des kirchlichen Lebens, sondern auch zur Befestigung der nationalen Unabhängigkeit und der königlichen Gewalt. Schweden war das einzige Reich, wo der Episkopat als Körperschaft die Lehre Luthers annahm, wo ohne Unterbrechung der Succession und ohne Auflösung der bischöflichen Verwaltung das Lutherthum eingeführt wurde. Dadurch hat die lutherische Kirche Schwedens bis auf diesen Tag mehr als die deutsche den Charakter der Würde, der guten Ordnung und der Rechtgläubigkeit bewahrt.

Aber wie in England und anderwärts, so konnte auch in Schweden die protestantische Kirchenordnung und die protestantische Thronfolge nicht ohne harte Kämpfe festgestellt werden. Wie in den Mythen vom Anfang der Völker mehrmals vorkömmt, daß der Stammvater drei Söhne hat, so war es hier auf geschichtlichem Boden im Hause Wasa. Gustav's ältester Sohn war Erich. Er hatte Stiefbrüder, Johann und Karl. Erich wurde von Johann vergiftet. Johann, mit einer polnischen Katholikin vermählt, berief Jesuiten nach Stockholm, und nöthigte sein Volk zur Annahme einer katholischen Kirchenagende; sie heißt: König Johanns rothes Buch. Sein streng katholischer Sohn Sigismund wurde zum König von Polen erwählt und residirte in Warschau, vermählt mit einer Tochter unserer Maria von Bayern, Schwester Ferdinands. Da starb Vater Johann. Sigismund und Anna kamen herüber nach Schweden und ließen sich in Upsala die Krönung von den lutherischen Bischöfen mit Widerstreben gefallen. Die Mutter Maria spricht in ihren Briefen von den schwedischen Großen mit der größten Verachtung und nennt diese

Krönung eine „Schmier". Sigismund mußte seinem Oheim
Karl, dem Herzog von Südermannland, die Reichsverwesung
überlassen. Karl wurde zum Haupt der protestantischen Oppo=
sition, und bald wurde seine Stellung so mächtig, und die Ab=
neigung der Nation gegen den ihr entfremdeten König so lebhaft,
daß es zum Bürgerkrieg kam und zur Absetzung Sigismunds;
1604 wurde Karl zum König erwählt, 1607 als Karl IX. in
Upsala feierlich gekrönt. Dieser Karl ist der Vater Gustav
Adolf's.

Es war im Wesentlichen derselbe Vorgang wie 1689 in
England, wo Jakob II. und die katholische Linie vom Throne aus=
geschlossen, die protestantische Succession in Wilhelm III. fest=
gestellt wurde. Auch in Schweden wurden manche Adelige, die
dem gestürzten Sigismund anhingen, grausam hingerichtet.

Auf Gustavs Erziehung wurde die größte Sorgfalt gewendet.
Er hat von Kindheit an das Deutsche so gut wie das Schwedische
gesprochen. Seine Aussprache war natürlich nordteutsch; daneben
lernte er vollkommen Lateinisch und von den neueren Sprachen
Holländisch, Französisch und Italienisch, sogar die Sprachen der
feindlichen Nationen, der Polen und Russen, blieben ihm nicht
ganz unbekannt. Auch sang er, machte Gedichte und spielte die
Laute. Schon seine Kindheit war von rauhem Kriegsgetöse um=
geben; in diese Zeit fiel der Bürgerkrieg zwischen seinem Vater
Karl und seinem Vetter, dem König Sigismund von Polen.
1598 war die Schlacht bei Stängebro. Vor dieser Schlacht sahen
die Bauern der Gegend kämpfende Heere in der Luft und die
Strandbewohner von Oeland streitende Flotten in Kalmarsund.
In der That war die Luft von schweren Kriegsgewittern erfüllt.
Als Karl IX. den Krieg nach Liefland hinüberspielte, nahm er
den noch nicht sechsjährigen Gustav mit, im Sommer 1600.
Mit zehn Jahren durfte Gustav bereits den Sitzungen des Staats=

rathes und dem Empfang der Gesandten beiwohnen. Der Hof
des Königs Karl wurde von fremden Officieren fleißig besucht;
von deutschen, französischen und englischen, von Italienern,
Spaniern und Holländern. Der lange Krieg zwischen Spanien
und Holland war eben damals durch den Waffenstillstand von
1609 unterbrochen. Diese Gäste interessirten den Knaben über
alles und er brachte fast ganze Tage mit Fragen über ihre Kriegs=
erlebnisse zu. Besonders nahm er sich den Prinzen von Oranien
und seine Kriegführung zum Muster. Seine beiden Erzieher
waren Johann Skytte und Axel Oxenstierna. Skytte unterrichtete
ihn in der schwedischen Geschichte und Gesetzeskunde. Beide
waren Männer von deutscher Bildung, aber von entgegengesetzten
politischen Ansichten. Skytte war Demokrat und wollte den alten
Adel vollends erniedrigen. Oxenstierna dagegen vertrat die
Aristokratie. Gustav prüfte und wählte selbständig. Er erkannte,
daß die Aristokratie harthändig sei und das Steuer nicht gern dem
König überlasse. Aber die Demokraten seien blutdürstig, wenn
sie zur Macht gelangen; bei ihrem Gezänk könne der kriegerische
Lorbeer nicht gedeihen, und sie könnten sehr leicht dahin kommen,
ganz ohne König regieren zu wollen [31]).

Christian IV. von Dänemark und Norwegen, ein Held von
altnordischer Kraft, suchte Vorwände zu neuem Streit mit dem
Hause Wasa. Karl sandte seinen Sohn nach Kopenhagen, um
zu vermitteln; es war vergeblich. Auf dem Reichstag zu Oerebro,
im November 1610, redete der Prinz zum erstenmal die ver=
sammelten Stände an. Der König war durch einen Schlag=
anfall im Sprechen gehindert. Aber dieß hielt den alten Mann
nicht ab, seinen Feind zum Zweikampf zu fordern. In dem
Briefe hieß es: „Wir Karl IX., König von Schweden u. s. w.,
lassen dich wissen, daß du nicht als ein christlicher und ehrlicher
König gehandelt hast. Stelle dich nach der alten Gewohnheit der

8 *

Gothen wider uns im freien Felde zum Kampfe ein, mit zwei deiner Kriegsleute. Wir werden dir in ledernem Koller ohne Helm und Harnisch blos mit dem Degen in der Faust begegnen. Wofern du dich nicht einstellst, so halten wir dich für keinen ehrliebenden König, viel weniger für einen Soldaten.''

Die Antwort des Dänenkönigs lautete: „Wir lassen dich wissen, daß uns dein grober Brief durch einen Trompeter überliefert worden ist. Wir merken daraus, daß die Hundstage noch nicht vorbei sind und daß sie mit aller Macht auf dein Gehirn wirken. Wir haben daher beschlossen, uns nach dem alten Sprüchwort zu richten: wie man in den Wald schreit, so hallet es wider. Was den Zweikampf betrifft, so kommt uns dein Verlangen höchst lächerlich vor, weil wir wissen, daß du nöthiger hättest, hinter dem warmen Ofen zu sitzen. Weit gesünder wäre dir ein guter Arzt, der dein Gehirn zurecht brächte, als ein Zweikampf mit uns. Du solltest dich schämen, alter Narr, einen ehrliebenden Herrn anzugreifen. Du hast wahrscheinlich solches Gewäsch von alten Weibern gelernt. Nimm dich in Acht, daß du nichts anderes thust, als was du sollst.''

Das war altgothische Grobheit, und mit diesem Styl wird wohl auch Gustav vertraut geworden sein. Karl IX. starb während dieses Krieges 1611. Er erwartete großes von seinem Sohne. Er pflegte von ihm zu sagen: ille faciet. Er empfahl ihm im Testament die Freundschaft mit den protestantischen Fürsten Deutschlands. Gustav war noch nicht ganz 17 Jahre, als er succedirte. Noch ein Jahr sollte er unter einer vormundschaftlichen Regierung stehen, aber die Königin Mutter und die Stände erklärten ihn alsbald für majorenn. So erbte er die schwere Aufgabe, einen dreifachen Krieg zu führen: gegen Dänemark, Rußland und Polen. Die Dänen und Norweger standen mit zwei Heeren im Lande. Der junge König lieferte ihnen am

11. Februar 1612 eine Schlacht auf dem Eise des See's Widsjö. Bezeichnend für den Charakter des Krieges und bedeutsam für Gustav Adolf's Laufbahn war ein Ereigniß bei diesem Kampfe: unter seinem Pferde brach das Eis ein, ein Reitersmann Larsson rettete ihn. In dem Friedensschluß 1613 mußte Gustav Adolf harte Bedingungen annehmen und dem Lande langjährige Steuern auflegen. In dem gleichzeitigen Kampf mit den Russen siegte de la Gardie, der schwedische General. Dieser verlangte, daß Gustav's jüngerer Bruder Karl Philipp von den Russen als Czar angenommen würde. Aber Gustav ging aus tieferen politischen Gründen nicht darauf ein. Er erkannte in Rußland den natürlichen und unversöhnlichen Feind Schwedens, und dieser Feind würde durch einen König aus dem schwedischen Hause an Macht und Ansprüchen gewinnen. Er erkannte es als die große Aufgabe, die Russen von der Ostseeküste, welche damals theils den Polen, theils den Schweden gehörte, fern zu halten. Er hatte nichts dagegen, als sich die russischen Bojaren einen aus ihrer Mitte zum Czaren wählten, Michael Romanov, den Stammvater des jetzigen Kaiserhauses. Er erkannte diesen an; aber er landete 1616 in Esthland und verlangte die Festungen in der Gegend, wo später St. Petersburg gebaut worden ist. Er erkannte die Wichtigkeit der Stelle, welche Peter der Große für seine Hauptstadt gewählt hat. Gustav wußte, daß Rußland in seinem Innern unüberwindlich ist. Aber er hatte diesem gefährlichen Feind das Raubnest genommen, von wo aus derselbe früher Schweden beunruhigte. „Nun," sagte er den Ständen im Jahre 1617, „kann dieser Feind ohne unsern Willen mit keinem einzigen Boote die Ostsee befahren. Rußland ist von der Ostsee ausgeschlossen und ich hoffe, es wird dem Moskowiter schwer werden, über diesen Bach zu springen." An der Gränze ließ er ein Denkmal setzen mit der Inschrift:

Hic regni posuit fines Gustavus Adolphus;
Rex Sueonum; fausto numine duret opus [32].

Ehe wir auf den polnischen Krieg übergehen, muß der fried=
lichen Thätigkeit Gustav Adolf's in seinem Heimathlande, und
seinem Privatleben eine Betrachtung gewidmet werden.

Schweden war, als Gustav zur Regierung kam, noch in
einem ganz mittelalterlichen, überdieß durch die Kriege mit Däne=
mark verwilderten und verarmten Zustand. Schweden mit Finn=
land und Lappland hatte wahrscheinlich nur 2 Millionen Ein=
wohner. Gustav gründete 16 neue Städte, er rief fremde Ein=
wanderer ins Land, er entwickelte die Hülfsquellen, beförderte den
Handel und die Gewerbe, zu welchen das Volk große Talente
besaß. Er schloß die unterirdischen Schätze auf, er gründete groß=
artige Waffenfabriken, er führte deutsche Schafzucht und Tuch=
fabriken ein. Mit einem Worte, er verwandelte Schweden in
einen modernen, klug verwalteten Staat, wo der Bürger und
Bauer nicht mehr sich selbst überlassen ist, sondern alle vorhan=
denen Kräfte geweckt und benützt werden. Das Rechtsverfahren
war noch so patriarchalisch, daß man Beschwerden und Streitig=
keiten persönlich an den König brachte. Dieß wurde zwar nicht
verboten, aber doch ein Hofgericht oder Obertribunal in Stock=
holm eingesetzt, und ein Stadtrecht veröffentlicht. Der König
selbst hatte mit einem Gutsbesitzer einen Proceß vor dem Hof=
gericht. Er hörte selbst der Verhandlung zu, er verbot den Rich=
tern, aus Ehrfurcht vor ihm aufzustehen. Diese entschieden gegen
den König. Er sah die Akten durch, er fand das Urtheil gerecht,
und lobte die Richter. Als er von einem ungerechten Spruche
hörte, ließ er den Richtern die schreckliche Drohung kund thun, er
werde den ungerechten Richter schinden, seine Haut auf den
Richterstuhl und seine Ohren an den Pranger nageln lassen.

Dieser Uebergang aus der mittelalterlichen Adelsherrschaft in die moderne, fürstliche Staatsverwaltung ging auch in Schweden nicht ohne Schaden für die Freiheit und für die Volksrechte ab. Gustav Adolf traf zwei Maßregeln, welche sich die Schweden in aller Stille gefallen ließen, während der englische Gesandte Whitelocke ihren bedenklichen Charakter richtig erkannte. Bekanntlich ruhte die schwedische Verfassung auf den vier Ständen: Adel, Geistlichkeit, Bürger und Bauern. Jeder von diesen bildete eine eigene Kammer, berieth und beschloß für sich; erst 1867 ist diese alterthümliche Verfassung ins Grab gelegt worden. Durch eine neue Reichstagsordnung von 1617 wurde den Ständen das Recht der Initiative genommen, der König legt bei der Eröffnung die Gegenstände vor, und in den Fällen, wo die Stände nicht einig werden, entscheidet der König. Doch können am Schlusse des Reichstags Beschwerden eingereicht werden. Die andere Maßregel betraf den aus den Häuptern des Adels bestehenden Reichsrath. Diesen, ohne dessen Anhörung der König nichts thun sollte, zerlegte Gustav Adolf in fünf Regierungscollegien oder Staatsministerien. Alle diese Anordnungen sollten ohne Zweifel der Ausführung großer kriegerischer Pläne zu Hülfe kommen.

Die Aushebung war für den Bauernstand eine schwere Last. Die Pfarrer mußten dabei Handreichung thun. Schweden hatte nicht über zwei Millionen Einwohner, dabei im Jahr 1624 einheimisches Fußvolk von 40000, und dazu jährliche Aushebungen von 12000 bis 14000 Mann. Der Edelmann war geborener Soldat und zum Dienste zu Pferd verpflichtet. Der Adel war, wie in Ungarn, frei von allen Steuern, und auf den Bauern lastete schwerer Druck. Selbst der sonst fein gebildete Oxenstierna war schrecklich hart gegen seine Grundholden.

Die Religionsgesetze waren in Folge des Bürgerkrieges sehr streng, um neue Unruhen zu verhüten. In Schweden galt der

Grundsatz, daß nur Ein Cultus geduldet werden dürfe, in vollster
Ausdehnung. Die Unduldsamkeit war so groß, wie etwa auf der
anderen Seite in Bayern. Drei junge Adelige, die im Ausland
studierten, wurden Katholiken und brachten bei der Heimkehr einen
Jesuiten ins Land, dieß galt für Hochverrath; sie wurden verurtheilt und enthauptet. So weit war man auch in Schweden
davon entfernt, friedliches Nebeneinanderbestehen beider Culte
für möglich zu halten [33]. — Der König stattete die Universität
Upsala mit neuen Einkünften aus und gründete Gymnasien.

Gustav Adolf hatte eine jugendliche Neigung zu Ebba
Brahe. Er meinte es redlich und wollte sie zur Königin erheben,
aber seine stolze Mutter wußte es zu verhindern. Sollte er eine
Prinzessin heimführen, so war er auf die kleinen protestantischen
Höfe in Deutschland angewiesen. Die Prinzessin Maria Eleonore
von Brandenburg wurde ihm empfohlen, Johann Sigismunds
Tochter. Von Oxenstierna und einigen andern Vertrauten be-
gleitet, reiste der König im August 1618 heimlich nach Berlin.
Er sah Eleonore, ohne sich zu erkennen zu geben; sie war eine
vollkommene Schönheit. Er machte seinen Antrag, doch ehe die
Sache richtig wurde, starb Johann Sigismund, und der neue
Kurfürst Georg Wilhelm hatte zu große Angst vor den großen
katholischen Mächten, dem Kaiser und dem König von Polen.
Im April 1620 kam Gustav zum zweitenmal incognito nach
Berlin. Man hielt ihn und seine Begleiter für englische Soldaten und verweigerte ihnen in mehreren Gasthöfen die Aufnahme.
Es war Sonntag Morgen, er begab sich in die Hofkirche und
erregte die Neugierde der Cavaliere, in deren Mitte er Platz
nahm. Er hörte eine Predigt über den reichen Mann und den
armen Lazarus mit an. Nach der Kirche begab er sich zu der
Kurfürstin Mutter, die ihn sehr gnädig empfing, und er speiste im

engsten Kreise mit der kurfürstlichen Familie. Von Berlin reiste er in unbekannter Absicht ganz allein nach Heidelberg. Es war gerade der Zeitpunkt, wo Friedrich V. die böhmische Krone angenommen hatte. Gustav unterhielt sich mit dem pfälzischen Minister Rusdorf und gab sich für einen schwedischen Hauptmann aus, Namens Gars, d. h. Gustavus Adolphus rex Sueciae. Der Diplomat erkannte ihn entweder wirklich nicht oder stellte sich doch so. Er lobte den König von Schweden und ebenso die Prinzessin Katharina von der Pfalz. Gustav äußerte sich sehr frei über die katholischen Geistlichen; er erzählte, in Erfurt habe er einem Geistlichen einen Ducaten gegeben und dieser habe ihm dafür alle Cerimonien der Messe erklärt. Er sah die schönen Landgüter der Prälaten am Rhein und that die Aeußerung: „Wenn diese Priester unter dem Könige meinem Herrn stünden, würde er sie schon lange gelehrt haben, daß Bescheidenheit, Demuth und Gehorsam den wesentlichen Charakter ihres Standes ausmachten.“ Elf Jahre später, da er als Eroberer in die Lande der geistlichen Kurfürsten kam, wurde die weitreichende Bedeutung dieser Worte offenbar.

Endlich, im Herbst 1620, kam die Vermählung zu Stande. Oxenstierna holte mit einer schwedischen Flotte die Prinzessin ab. Gustav selbst übernahm die Ausstattung, denn von Berlin bekam sie sehr wenig mit. Eleonore war ihrem Gemahle sehr anhänglich: sie wurde krank, wenn er verreiste; sie eilte ihm nach in den Krieg. Er behandelte sie gut und mit Zärtlichkeit. Aber politischen Einfluß gestattete er ihr nicht, und für den Fall seines Todes schloß er sie von der Theilnahme an der vormundschaftlichen Regierung aus. Sie hatte großen fürstlichen Stolz, aber geringe Geistesgaben und bedeutenden Eigensinn. Am 8. Dezember 1626 wurde Christina geboren. Die Astrologen und die Träume der Königin hatten einen Sohn verkündigt, und wirklich verbreitete sich die falsche Nachricht im Schlosse, daß es ein Prinz sei;

dann hatten die Damen große Bangigkeit, als sie dem König das Gegentheil melden sollten. Nur seine Schwester, die Prinzessin Katharina, wagte es, ihm das Töchterchen zu bringen. Der König ließ keine unangenehme Ueberraschung, sondern die reinste Freude blicken. „Danken wir dem Himmel," sagte er, „ich hoffe, daß diese Tochter mir so viel werth sein wird, als ein Sohn." Er setzte lächelnd hinzu: „Sie wird schlau werden, denn sie hat uns alle betrogen." Diese Anekdote erzählt Christina selbst in ihren Memoiren.

Sie bekam eine männliche Erziehung in Wissenschaften, alten und neuen Sprachen und ritterlichen Uebungen.

Deutsch war die Muttersprache des Kindes, wie man aus zwei kleinen Briefen an ihren Vater sieht, die sie sehr früh geschrieben haben muß, denn als der Vater starb, war sie noch nicht sechs Jahre alt. Der zweite von diesen Briefen lautet:

Gnädigster Herzlieber Herr Vater. Weil ich das glück nicht hab ietz bey E. K. M. zu seyn, so schick E. M. ich mein demüthige contrefay. Bitte E. M. wolle meiner dabey gedenken undt bald zu mir wieder kommen, mich unterweil was hübsch schicken. (Man sieht, daß die Mutter eine Berlinerin war.) Ich will alzeit from seyn und fleißig beten lehrnen. Gott lob ich bin gesundt. Gott gebe uns allzeit gute zeitung von E. M. Demselbe befele E. M. allzeit und ich werde verbleiben

E. K. M.

Gehorsame Tochter

Christina P. S. [31])

Zur Zeit, da Christina geboren wurde, war Gustav Adolf in den langwierigen Krieg mit Polen verwickelt, der ihn

1621—1629 beschäftigt hat und als Vorspiel zu dem Kriege in Deutschland diente.

Gustav Adolf hat, ehe er in diesen Kampf eintrat, eigenhändig die Kriegsartikel niedergeschrieben, welche nachher in allen Feldzügen der Schweden galten. „Der König ist, als Gottes Bevollmächtigter auf Erden, höchster Richter in Krieg und Frieden. Er übt diese Gewalt durch ein Obergericht und durch die Regimentsgerichte. Im letzteren ist der Oberst Präsident, das Regiment selbst wählt die zwölf anderen Mitglieder, je zwei aus den verschiedenen Stufen. Bei Capitalverbrechen wird das Gericht unter freiem Himmel und vor versammelter Mannschaft gehalten. Klagen wegen Mein und Dein werden im Zelte abgeurtheilt. Das Urtheil in Kriminalsachen wird dem Könige oder dem Reichsmarschall zur Bestätigung vorgelegt. Im Falle schimpflicher Flucht wird der zehnte Mann nach dem Loose aufgehängt. Prügel sind nicht erlaubt. Dem Soldaten darf seine Frau in den Krieg folgen; Unzucht ist streng verboten. Jeden Sonntag hält der Feldprediger einen Gottesdienst und in der Woche eine Predigt, jeden Morgen und Abend ein Gebet. Alle Feldprediger zusammen bilden ein Consistorium, welches unter dem Hofprediger des Königs steht.“ Diese Artikel verkündigte 1621 Oxenstierna vor der Absegelung nach Polen dem in Schlachtordnung aufgestellten Heere. Alle Monat einmal sollten sie vorgelesen werden. Sie waren gleichsam das Programm für Gustav Adolf's Feldzüge. [35]

Die Großmacht im Osten Europa's war damals die polnische Adelsrepublik mit ihrem Wahlkönig an der Spitze. Polen erstreckte sich mit seiner südöstlichen Provinz, der Ukraine bis an die Gränzen des türkischen Reichs, im Norden bis an die Ostsee. Es hatte zur Zeit seiner größten Ausdehnung eine Bevölkerung von 20 Millionen. Am wichtigsten waren die Provinzen an der Ostsee-Küste.

Die undeutschen Stämme in den baltischen Ländern, die Preußen und Litthauer, die Kuren, Letten, Lieven und Esthen waren aus uralter Zeit, auch während der Völkerwanderung, unbeweglich sitzen geblieben. Sie waren in der geistigen Entwickelung weit zurück. Sie waren im dreizehnten Jahrhundert noch Heiden. Da unternahmen die deutschen Ritter den langwierigen Eroberungskrieg. Sie brachten Unglück und Wohlthaten zugleich über diese Stämme. Sie raubten ihnen die Unabhängigkeit und den Grundbesitz, sie nöthigten ihnen das Christenthum und die Anfänge der Civilisation auf. Noch heute findet man unter dem Adel der Ostseeprovinzen die heimathlich klingenden Namen schwäbischer und fränkischer Geschlechter.

Die Eroberung der fruchtbaren Küsten durch den Ritterorden, das Werk deutscher Tapferkeit, mußte im sechzehnten Jahrhundert zur Erhöhung des Glanzes der polnischen Krone dienen. Als der Hochmeister Albrecht 1525 Luthers Lehre annahm, sich verheirathete, das Ordensland säcularisirte und in ein erbliches Herzogthum Preußen, mit der Hauptstadt Königsberg, verwandelte, da konnte er sich nicht an den deutschen Kaiser, den Schirmherrn der alten Kirche, anschließen, sondern er unterwarf sich und sein Land dem König von Polen, und empfing es von demselben in feierlicher Handlung auf dem Ringe zu Krakau als Lehen, d. h. der jagellonische König Sigismund I. vergab etwas, das ihm gar nicht gehörte. In ähnlicher Weise wurde der König von Polen Oberherr über das vom deutschen Reich noch entlegenere Curland und Lievland. In Esthland setzten die Schweden sich fest.

Albrechts blödsinniger Sohn starb 1618. Kurfürst Johann Sigismund von Brandenburg war der nächste Erbe. So wurden die brandenburgischen Marken und das weit davon entfernte Preußen unter einem Haupte vereinigt. Dieses Haupt aber war zu gleicher Zeit für Brandenburg ein Vasall des deutschen Kaisers, für Preußen ein Vasall des polnischen Königs.

König Sigismund von Polen gab seine Ansprüche auf den schwedischen Thron niemals auf. Er hatte schwedische Flüchtlinge bei sich. Er intriguirte und rüstete fortwährend gegen seinen Vetter Gustav Adolf, aber er griff Alles ungeschickt an.

Von 1621—1629 landete Gustav wiederholt an den Mündungen der Düna und der Weichsel, nahm Städte in Besitz und schlug sich in unwirthlichen Gegenden mit den Polen herum. Er setzte sich den größten Gefahren und Beschwerden aus, er bekam endlich, 1629 einen neuen gefährlichen Feind auf den Hals. Sigismund, der bekanntlich eine Schwester des Kaisers Ferdinand zur Gemahlin hatte, suchte Hülfe bei Oesterreich und Spanien. Da sandte Wallenstein, welcher eben damals im Norden von Deutschland unumschränkt waltete, dem Polen einige Regimenter (8000 Mann zu Fuß; 2000 zu Pferd) unter Arnim zu Hülfe. Diese rückten durch Hinterpommern nach Preußen; in dem Kampf mit ihnen, unweit von Marienburg war Gustav in der größten Gefahr. Ein kaiserlicher Kürassier und ein polnischer Reiter ergriffen ihn, er verlor sein Wehrgehenk und seinen Hut; er wurde durch einen treuen Schweden, Erich Soop, herausgehauen. Es war hohe Zeit für Gustav Adolf, Frieden zu schließen. Diesen Frieden vermittelte ein französischer Abgesandter, Baron Charnacé. Die Bevollmächtigten verfuhren sehr cerimoniös. Keiner der beiden Theile wollte den ersten Gruß aussprechen oder den andern auffordern sich zu setzen. Es wurde ein Waffenstillstand auf sechs Jahre geschlossen. Schweden bekam einen gewaltigen Zuwachs an Macht, nämlich ganz Lievland und einen schönen Theil von Preußen, während der andere Theil unabhängiges Besitzthum von Brandenburg sein sollte.

Wie die Schiffe, welche die Athener zur Hülfe gegen die

Korinthier nach der Insel Kerkyra schickten, Anlaß zu dem langen peloponnesischen Krieg wurden, so haben diese Regimenter, welche der übermüthige Wallenstein gegen Gustav Adolf in das polnische Land sendete, die Handhabe abgegeben, woran sich der Einbruch der Schweden in Deutschland und ihre achtzehnjährige Kriegs= führung auf dem Boden des Reichs geknüpft hat.

Wir stehen an einem großen Wendepunkt; er ist bezeichnet durch den Entschluß des Königs von Schweden, im deutschen Reiche einzubrechen. Es giebt Katastrophen in der Geschichte, welche durch eine in den Verhältnissen liegende Nothwendigkeit herbeigeführt werden, und zu deren Beschleunigung oder Ver= zögerung der Wille des Einzelnen, auch des hochgestellten, wenig vermag. Aber es giebt auch Momente, wo die ganze Entschei= dung in das Innere eines Mannes gelegt ist und aus seiner Selbstbestimmung hervorgeht. So war es in diesem Falle. Die Verhältnisse drängten Gustav Adolf keineswegs zur Betheiligung an dem deutschen Kriege. Als Gustav im Sommer 1629 dem Reichskanzler Oxenstierna sein Vorhaben zum ersten Male er= öffnete, war dieser entschieden dagegen. Schweden war bereits durch achtzehn Jahre lange Kämpfe erschöpft und der Ruhe be= dürftig. An eine feindliche Landung der Kaiserlichen in Schweden war nicht zu denken.

Allerdings handelte es sich um ein großes Interesse Schwe= dens, nämlich um Erhaltung der Herrschaft über die Ostsee, denn diese war durch Wallensteins und des Kaisers Entwürfe bedroht. Aber das war eine weitaussehende Sache und forderte keine augenblickliche Intervention [36]).

Die Hülfsmittel des deutschen Kaisers waren fast uner= schöpflich. Von den regierenden protestantischen Fürsten in Deutschland war wenig oder nichts zu erwarten, kein einziger von ihnen war ein kriegerischer Charakter wie Maximilian. Die Ver=

waltung ihrer Länder war unkriegerisch und krankte bereits an
weitschweifiger Vielschreiberei. Alle diese Thatsachen und die
dringenden Wünsche seines eigenen Volkes sprachen gegen Gustav
Adolf's verwegenen Angriffsplan. Das Geld war in Schweden
außerordentlich rar, und da er sein Reich zur Rechten gegen die
Dänen, zur Linken gegen die Polen gedeckt halten mußte, hatte
er nach der wahrscheinlichsten Berechnung nicht mehr als
15,000 Mann zur Disposition für eine Landung in Nord=
deutschland. Dort aber, in Norddeutschland, standen zur Zeit
160,000 Mann kaiserliche Truppen unter den bis dahin unbe=
siegten Feldherren Tilly und Wallenstein.

Von den fremden Mächten war wenig zu hoffen. Zwar
erschien Baron Charnacé im März 1630 in Schweden mit höchst
schmeichelhaften Anträgen von seinem Herrn, dem Cardinal
Richelieu. Frankreich hätte es gar zu gerne gesehen, und das
Gold dabei nicht gespart, wenn Gustav Adolf so gütig gewesen
wäre, das Haus Habsburg zu erniedrigen und sich dann im tür=
kischen Reich zu entschädigen, während der Franzose in Deutsch=
'and freies Spiel erhielt. Aber Gustav Adolf antwortete, wie der
Cardinal selbst in seinen Memoiren sagt, „mit sehr viel Scharf=
sinn und Würde". Er verstand die Predigt des Fuchses ganz
gut und dankte für die großmüthigen Anerbietungen. Auch von
England und Holland waren keine bindenden Zusagen der Geld=
hülfe gegeben. Auch die conservativen protestantischen Fürsten
von Pommern, Brandenburg und Sachsen erschraken ordentlich
vor dem Gedanken an das Kommen dieses Befreiers, und ersuchten
ihn inständig, von dem Beginnen abzustehen.

Was war es also, wodurch Gustav zu dem großen Entschluß
bestimmt wurde? Es war dasselbe, was einst den Macedonier
Alexander über den Hellespont zum Sturmlauf gegen das un=
geheure persische Reich geführt hat; dasselbe, was den 28jährigen

König Friedrich II. zum Einbruch in Schlesien und zum Kampf
gegen Oesterreich bewogen hat, nämlich der unersättliche Thaten=
drang. Ehrgeiz und Eroberungssucht sind die Leidenschaften, von
welchen kraftvolle Fürsten mit beinahe übermenschlicher Gewalt
vorwärts getrieben werden, sie sind zugleich die schwerste Plage
der Völker. Bei edler gearteten Naturen überwiegt hiebei nicht
die Gier nach Länderbesitz, sondern die Liebe zum Ruhm und die
Freude an heldenmüthiger That. So war es bei Gustav Adolf.
Er kam nach Deutschland, wie jene alten Seekönige des Nordens,
die an den Küsten von Gallien, Italien, Sicilien und Britannien
landeten, und mit ritterlichem Muth neue Königreiche in den
schönsten Landstrichen Europa's errichteten.

Es liegt so nahe, bei einem solchen Schritt mit den welt=
lichen Beweggründen religiöse zu verbinden, und für Niemand
lag es näher, als für Gustav Adolf. Was kann es edleres geben,
als den unterdrückten Glaubensgenossen und der Religion, die man
für die einzig wahre erkannt hat, zu Hülfe zu kommen! Der
Zeitpunkt hiefür schien da zu sein. Die Bedrängniß der Prote=
stanten im Reich war durch das Restitutionsedict und durch die
Tyrannei der Wallensteinischen Kriegsvölker aufs höchste ge=
stiegen, und die seit 70 Jahren vorwärtsschreitende große katho=
lische Reaction näherte sich mit Riesenschritten ihrem Ziele. Gustav
wußte sein treues und frommes Volk durch dieses Motiv in Be=
wegung zu setzen, aber auch er selbst wurde dadurch bewegt. Er
war kein Heuchler; selbst seine Feinde haben ihm das nicht nach=
sagen können. Er hatte neben der Härte eines alten Soldaten
unzweifelhaft ein tiefes religiöses Gefühl, sein Heldenmuth ruhte
auf Gottvertrauen. Der Zug nach Deutschland erschien ihm selbst
als eine religiöse Pflicht, und hiedurch empfing das, wozu die
altnordische Thatenlust ihn anfeuerte, in seinem Gewissen die
höhere Weihe des Gottgefälligen.

Dennoch wäre das Unternehmen eine an Wahnsinn grän=
zende Tollkühnheit gewesen, hätte nicht Gustav Adolf als Staats=
mann die politische Verwickelung im deutschen Reiche durchschaut,
und aus ihr die Gunst des Moments mit scharfem Auge erkannt.

Worin bestand diese Verwickelung? — Dieß muß mit wenig
Worten wiederholt werden. Der Kaiser hatte durch das Restitu=
tionsedict von 1629 dem protestantischen Deutschland eine Um=
wälzung des ganzen Besitzstandes auferlegt. Der Kaiser hatte
zu gleicher Zeit durch eine unerhörte militärische Machtentfaltung
und durch das gesetzlose Gebahren, das er dem Herzog von
Friedland erlaubte, alle deutschen Fürsten, auch die katholischen,
in Aufregung gegen sich versetzt.

Gustav Adolf hat ohne Zweifel von der Opposition, welche
Maximilian gegen den Kaiser organisirte, gewußt, und hierin
fand er die Aufforderung, jetzt einzugreifen oder nie. Wurde
Wallenstein aufrecht erhalten, so mußte es zum mörderischen
Kampf zwischen den Reichsfürsten und dem kaiserlichen Feldherrn
kommen. Wurde Wallenstein aufgeopfert, so hatte der Kaiser
sich selbst den rechten Arm abgehauen und der große habsbur=
gische Eroberungsplan zerfiel in sich selbst. War es scharfsinnige
Berechnung oder fabelhaftes Glück für Gustav Adolf: das letztere
geschah in Regensburg, wenig Wochen nach seiner Landung in
Pommern. Er traf auf eine Armee ohne Haupt, die um
60,000 Mann reducirt worden war.

Das Restitutionsedict und die Entlassung Wallensteins
waren zwei große politische Fehler Ferdinands. Er beging den
einen aus Pietät gegen die Kirche, er beging den andern aus Pietät
gegen die Reichsverfassung. Beide zusammengenommen waren
so verhängnißvoll, daß Graf Khevenhiller, der Gesandte und Ge=
schichtschreiber Ferdinands, meint, es sei der Cardinal Richelieu
gewesen, welcher durch seine Intriguen den Kaiser zu beiden

Maßregeln verleitet habe, um ihn dadurch zu verderben. Dieß ist sehr unwahrscheinlich; aber daß Richelieu sich darüber freuen konnte, ist gewiß.

———

Am 29. Mai 1630 nahm Gustav Adolf Abschied von seinen Ständen und von seinem Heimathlande. Er hatte sein Haus bestellt. Er übergab die Leitung der Geschäfte dem Reichsrath. Er ließ die Stände seiner Tochter als ihrer künftigen Königin für den Fall seines Todes Treue schwören. Er nahm sein dreijähriges Kind auf die Arme und empfahl es den Ständen mit rührenden Worten. Er dankte ihnen für die bewilligten Opfer. Er sei zu diesem Kriegszug gezwungen. „Der Kaiser," sagte er, „hat mich in der Person meines Gesandten beleidigt [37]); er leistet meinen Feinden (den Polen) Hülfe. Er verfolgt unsere Glaubens= brüder in Deutschland, die unter dem Joch des Papstes seufzen. Wenn es Gott gefällt, soll ihnen Hülfe werden." Er richtete wahrhaft königliche und väterliche Ermahnungen an die Reichs= räthe und an die vier Stände: Adel, Geistlichkeit, Bürger und Bauern. Er schloß mit einem Gebet aus dem 90. Psalm, dem Liede Moses, des Mannes Gottes.

Die schwedische Flotte lag in Elfsnabben (in Südermann= land), die Armee wurde mit allem Kriegsmaterial eingeschifft. Sie bestand in der Hauptsache aus Schweden, Lappen und Fin= nen; ein aus Deutschen und ein aus Schotten bestehendes ange= worbenes Corps war dabei. Die Oder erweitert sich bekanntlich unterhalb Stettin in ein Haff, welches durch zwei Inseln Usedom und Wollin gegen die Ostsee geschlossen wird. Auf diesen Inseln landete Gustav Adolf mit seiner Armee am Feste Johannes des Täufers 1630, genau an dem Tage, an welchem 100 Jahre

zuvor die Protestanten in Augsburg ihr Glaubensbekenntniß
Karl V. übergeben hatten.

Die großen und kleinen Festungen an der norddeutschen
Küste waren mit kaiserlichen Truppen besetzt. Nach den ersten
kleinen Gefechten rückte Gustav Adolf mit der Armee vor die
Hauptstadt von Pommern. Dort residirte der letzte aus dem alten
wendischen Fürstengeschlechte, der schon bejahrte Herzog Bogislav XIV. Ihn brachte die Sache in ziemliche Verlegenheit. Er
hatte sich dem Kaiser gefügt, wiewohl sein Land schrecklich darunter litt, und fürchtete sich, im Falle er die Schweden aufnehme,
vor der Rache der Kaiserlichen. Der alte Mann mußte sich in
einer Sänfte heraustragen lassen; der König wollte mit niemand
anders verhandeln als mit ihm selbst. Er bat flehentlich um
Bewilligung der Neutralität, aber Gustav Adolf wollte von so
etwas nichts wissen, sondern verlangte Einräumung Stettins für
seine Schweden. „Nun denn in Gottes Namen!" sagte der gut-
müthige Pommer; dann bat er, der König möchte sein Vater
sein, und Gustav Adolf erwiederte treffend: „laßt mich lieber
Euer Liebden Sohn sein." Bogislav war kinderlos — und in
der That haben die Schweden nachher einen Theil des pommerschen
Erbes angetreten.

Das erste Stück der Arbeit, welches Gustav Adolf zu thun
hatte, war das allerschwerste. In einer Reihe gefährlicher Kämpfe
suchte er die Kaiserlichen aus Pommern und aus Mecklenburg
herauszuwerfen und besonders in dem letzteren Lande, dem
Herzogthum Wallensteins, festen Fuß zu fassen. Bei diesen
Kämpfen genoß er wenig oder keine Unterstützung an Mannschaft
und Geld von den deutschen Protestanten. Ja er hatte bei
diesen langsamen Fortschritten die größte Last mit den protestan-

9*

tischen Fürsten, die nichts mit ihm zu thun haben wollten. Der nächste war sein eigner Schwager Georg Wilhelm von Branden= burg. Dieser schickte einen Herrn von Willmerstorf an Gustav Adolf ins Lager nach Rybnitz, und proponirte Waffenstillstand zwischen Gustav Adolf und dem Kaiser und Neutralität für sich selbst. Der König nahm diese Vorschläge lächelnd auf: „Ich hätte mich wohl einer andern Legation von meines Herrn Schwa= gers Liebden versehen, nämlich daß sie mir vielmehr entgegen= kommen und sich mit mir zu ihrer eignen Wohlfahrt conjungiren werde. Ich hätte nicht erwartet, daß S. L. sich vor dem Kriege so sehr entsetzen würden, meinet Sie, daß Sie mit Bitten und Flehen bei dem Kaiser etwas erlangen werde? Bedenke sie sich doch ein wenig und fasse einmal mascula consilia; sie sehe diesen frommen Herrn, den Herzog von Pommern an, welcher auch so unschuldiger Weise, da er gar nichts verwirkt, sondern nur sein Bierchen in Ruhe getrunken hat, so jämmerlich um das Seine gebracht worden ist. Was derselbe aus Noth gethan hat (daß er sich mit mir verglich), das mag S. L. freiwillig thun. Ich kann nicht wiederum zurück; jacta est alea, transivimus Rubiconem. Es wäre nunmehr Zeit die Augen aufzumachen und sich etwas von den guten Tagen abzubrechen, damit S. L. nicht länger in seinem Lande ein Statthalter des Kaisers, ja eines kaiserlichen Dieners sein möge; qui se fait brébis, le loup le mange. S. L. muß Freund oder Feind sein, wenn ich an ihre Gränzen komme, muß sie sich kalt oder warm erklären, tertium non dabitur, deß seid gewiß [38].“

Gustav Adolf sagte später, wenn dieser Kurfürst nicht sein Schwager gewesen, so hätte er ihm so mitgespielt, daß er mit einem Stecken in der Hand das Land verlassen müssen. Gustav bezeichnete in jenem Gespräch den Kurfürsten von Brandenburg nicht undeutlich als einen Schafskopf. Doch war diese Beurthei=

lung nicht gerecht. Was die Fürsten vom Anschluß an Gustav
Adolf zurückhielt, war nicht bloß Kleinmuth, Unentschlossenheit
und Furcht vor der Rache Ferdinands. Es wirkten bessere Beweggründe mit. Sie konnten mit dem Feinde des Kaisers, dem
fremden Eroberer nicht gehen salvo honore ac fide, wie Herr
von Willmerstorf sagte. Sie hatten noch ein Bewußtsein von
reichsfürstlicher Ehre und von Verpflichtung zur Treue.

Sie hielten noch eine entschieden deutsche Gesinnung fest.
Gustav Adolf war zwar stammverwandt, es bestand keine natio-
nale Scheidewand zwischen ihm und den deutschen Fürsten, aber
doch eine politische. Er war kein Fürst des deutschen Reichs und
hatte auf dem Boden desselben nichts zu schaffen.

Unter diesen Umständen wäre es die richtige Politik der
sämmtlichen deutschen Reichsstände gewesen, als eine Corporation
aufzutreten und als eine solche die bewaffnete Neutralität nach
zwei Seiten hin geltend zu machen. Auf diese Art konnten sie
den Schweden zurückweisen und dadurch zugleich nach der andern
Seite mit Nachdruck und Erfolg von dem Kaiser Widerrufung
des Restitutionsedicts verlangen. Wirklich fanden sich Anfang
Februar 1631 die protestantischen Stände, Kurfürsten, Fürsten,
Grafen und städtische Abgeordnete in großer Zahl auf dem Leipziger Convente ein. Aber anstatt eines männlichen Entschlusses
und einer praktischen Maßregel, brachten sie nichts zu Stande,
als die Aussicht auf die Möglichkeit einer künftigen Schutzver-
fassung und demüthige Bitten an den Kaiser, ihre gerechten
Wünsche zu befriedigen. Unterdessen gewann Gustav Adolf an
Boden; doch zu einer Entscheidung kam es während des ersten
Jahres nach seiner Landung noch nicht.

Wo war Tilly, den man nach Wallensteins Abdankung zum
Generalissimus der Kaiserlichen ernannt hatte? Dieser tapfere

alte Kriegsmann hatte längst gewünscht, mit den Schweden zu kämpfen und dann zu sterben. Er stand in Bayern. Er brannte von Begierde vorzurücken, aber sechs Monate lang wurde er durch die Diplomatie zurückgehalten. Maximilian war es, der früher zur That drängte, jetzt aber wollte er, mit dem Kaiser innerlich zerfallen, nicht die energische Kriegführung, sondern die Zögerung, ja er hegte geraume Zeit den Gedanken an Neutralität zwischen den Schweden und dem Kaiser ³⁹). Als Tilly nach Norddeutschland vorgerückt war, bekam er noch Mahnungen, nichts zu wagen, und die Unterstützungen, die er verlangte, blieben aus; es kam so weit, daß er zürnend seinen Abschied verlangte.

In Wien verachtete man Anfangs den Schneekönig, das schwedische Königlein. Ferdinand II. sagte: „Wir haben wieder ein kleins Feindl bekommen." In München sah man nicht ungern, daß die kaiserliche Uebermacht geschwächt wurde.

Unterdessen litt Gustav Adolf im Winter den drückendsten Mangel an Geld. Er hatte die größte Mühe, seine Soldaten in Zufriedenheit und Subordination zu erhalten. Er gab ihnen gute Worte, nannte sie Brüder, ließ sich von ihnen dutzen und lachte darüber, wenn sie ihn Dickkopf und Schmerbauch nannten. Er theilte ihre Entbehrungen. Sie blieben ihm treu; wenn sie nur Schuhe und Commißbrod hatten, wollten sie solchen tapferen König nie verlassen. Er erfuhr, wenn er selbst ins Feuer ging, daß seine treuen Schweden, Finnen und Lappen keine Gefahr achteten. Diese nordischen Männer nahmen mit wenigem vorlieb und die Kriegszucht war bis dahin vortrefflich, im Gegensatz zu den namenlosen Gräueln, welche von den wallensteinischen Truppen vor ihrem Abzug aus Pommern, besonders in dem Städtchen Pasewalk an den unschuldigen Einwohnern verübt wurden. Bei solchen Vorkommnissen mußte in manchen treuen Anhängern des Kaisers die Besorgniß erwachen, die Gunst des

Himmels würde sich von den Kaiserlichen ab und zu den Schweden wenden.

Endlich, zur Zeit des Leipziger Convents, entschloß sich Maximilian, auf's neue für die Sache des Kaisers einzustehen, und Tilly setzte sich mit seiner ganzen Macht in Bewegung. Es war sein Plan, zwischen Gustav Adolf, der in Pommern, und General Horn, der in Mecklenburg stand, einzudringen. Er machte zwischen beiden Ländern einen großen Offensivstoß, den ersten, den die Schweden erfuhren. Er nahm Neubrandenburg (19. März 1631) nach einem mörderischen Kampf, — die ganze schwedische Besatzung von 2000 Mann wurde niedergehauen — doch konnte er die Vereinigung Gustavs und Horns nicht hindern, und mußte auf die Elbe wieder zurückweichen. Nachdem die Ostseefestungen, auch die stärksten, wie Colberg und Greifswalde, in die Gewalt der Schweden gefallen waren, mußte sich der Kampf zunächst um zwei militärisch wichtige Punkte in Norddeutschland bewegen, nämlich Frankfurt an der Oder, welches noch im Besitz der Kaiserlichen war, und Magdeburg an der Elbe, das sich für die Schweden erklärt hatte.

Das Erzstift Magdeburg mit seinen großartigen Einkünften war erst nach dem Religionsfrieden von den Lutheranern in Besitz genommen worden, und gehörte somit zu den Kirchengütern, welche das Restitutionsedict für die Katholiken zurückforderte. Damals war es von einem brandenburgischen Prinzen, dem Markgrafen Christian Wilhelm in Besitz genommen, der sich zwar nicht Erzbischof, aber Administrator des Erzbisthums titulirte. Dieser hatte vor den Kaiserlichen die Flucht ergriffen; als nun Gustav Adolf landete, war er einer der ersten, welche Hülfe bei den Schweden suchten, und wirklich erklärte sich der Rath von Magdeburg bereit, ihn wieder aufzunehmen. Gustav Adolf erkannte ihn für einen unfähigen Mann, und gab ihm deswegen einen schwedischen Officier Dietrich von Falkenberg mit, welcher in Magdeburg den Krieg organisieren sollte.

Der König wendete sich, indem er die Oder hinaufmarschierte, zunächst gegen Frankfurt, und leitete selbst die Belagerung. Es handelte sich von der ersten Erstürmung einer der großen und wohlbefestigten deutschen Städte. Frankfurt war zu einer Vertheidigung nicht günstig gelegen. Die Stadt liegt zwischen dem Strom und einer halbkreisförmigen Anhöhe. Diese Anhöhe, auf welcher jetzt die Vorstadt liegt, war im Besitz der Schweden, und von hier aus hatte Gustav Adolf mit seinem groben Geschütz keine schwere Aufgabe. Die Erstürmung war schrecklich. Die Schweden rächten sich an den Kaiserlichen für das, was kurz zuvor in Neubrandenburg geschehen war. Sieben kaiserliche Regimenter Infanterie und ein Regiment Cavallerie gingen zu Grunde, aber auch die unglücklichen protestantischen Bürger, die nichts verschuldet hatten, wurden von den hungrigen und wüthenden Schweden drei Stunden lang geplündert. Die schwedischen Officiere mußten mit Prügeln auf ihre Leute einhauen, und Gustav Adolf ließ einige aufhängen.

Aber unterdessen hatten sich Graf Heinrich von Pappenheim und nachher Tilly selbst vor Magdeburg gelagert, und es galt nun für Gustav Adolf, diese alte Reichsstadt, die mächtigste in Niedersachsen — früher bekanntlich Hauptsitz der sächsischen Kaiser — zu retten.

Die Stadt hatte keine schwedischen Truppen zur Vertheidigung. Es waren theils mit dem Geld des Administrators angeworbene Leute, theils die Bürger selbst, welchen die Kriegsarbeit oblag. Tilly ließ den Stadtrath wiederholt auffordern, sich in den Gehorsam gegen den Kaiser zu begeben, und warnte die Stadt vor den Folgen einer gewaltsamen Einnahme.

Daß er hiemit kein Gehör fand, beruhte keineswegs auf

einer heldenmüthigen Entschlossenheit der Magdeburger, es ver=
hielt sich hier nicht, wie etwa bei der Belagerung von Stralsund
durch Wallenstein im Sommer 1628. Dort war die Vertheidi=
gung Volkssache, daher der hartnäckige Widerstand und der glän=
zende Erfolg. In Magdeburg wurde die Sache von den Raths=
herren, dem Administrator und vor allem von dem schwedischen
Oberst betrieben. Die Bürgerschaft that mit, weil man von
Woche zu Woche, ja von Tag zu Tag seit dem Falle Frankfurts
den Anmarsch der Schweden zum Entsatz erwartete. Unter den
Bürgern selbst waren auch kaiserlich Gesinnte, welche den Be=
lagerern als Spione dienten. Die Stadt ist auch in ihrer jetzigen
Gestalt, welche der damaligen ziemlich entspricht, zur Vertheidi=
gung vortrefflich geeignet, und wiewohl sie diesseits und jenseits
der Elbe zugleich angegriffen wurde, konnte sie doch eine lange
Belagerung aushalten. Einige Jahre vorher hatte selbst Wallen=
stein vor ihren Mauern unverrichteter Sache abziehen müssen.
Graf Tilly hatte gar kein Interesse daran, die Stadt zu zerstören,
sondern vielmehr im Fall der Einnahme sie zu schonen, und sie
für sich selbst als Waffenplatz und Stützpunkt bei der Fortsetzung
des Krieges zu erhalten. Er zögerte von Tag zu Tag mit dem
Sturm. Er ließ sogar am 19. Mai mehrere schwere Geschütze
abfahren, aber Graf Pappenheim drängte zum Sturm. Durch
diesen jungen und feurigen General ließ sich Tilly im Kriegsrath
bestimmen, auf den 20. Mai, des Morgens 5 Uhr, den Sturm
zu bewilligen, der an vier Punkten zugleich begonnen werden
sollte. Graf Pappenheim hatte nicht allein die lebhafteste Kampf=
lust, sondern auch den vortheilhaftesten Angriffspunkt. Am Mor=
gen zögerte Tilly noch einmal, berief den Kriegsrath aufs neue
und wiederholte seine Einwendungen. Gerade durch die Zöge=
rung wurden die Bürger und selbst Oberst Falkenberg in eine
trügliche Ruhe eingewiegt. Um 7 Uhr Morgens griff Pappen=

heim an, seine Cavallerie stieg ab und überkletterte mit der In=
fanterie die Wälle. Nun erst ertönten die Sturmglocken. Gleich=
zeitig sprengte der Herzog von Holstein die hohe Pforte, und von
zwei Punkten aus entwickelte sich ein verzweifelter Straßenkampf,
in welchem Falkenberg zuerst, und dann die anderen Comman=
danten fielen. Tilly zögerte noch immer. Pappenheim sah an
tausend seiner Leute fallen, erst um 10 Uhr rückte der Ober=
general mit der Artillerie nach, und gab die Entscheidung. Weil
hier die Bürger selbst, von Straße zu Straße und von Haus zu
Haus, voll Verzweiflung kämpften, war die Rache um so schreck=
licher. Mit den Gewaltthaten der Eroberung verbanden sich die
Grausamkeiten, wie sie später bei revolutionären Straßenkämpfen
und Häusererstürmungen oft vorgekommen sind. Ein lutherischer
Pfarrer, Thodänus, hat anschaulichen Bericht gegeben, wie er
ausgeraubt und mit den Seinigen fortgeschleppt wurde. Er sah
die Straßen voll Leichen und den überhandnehmenden Brand.
Im feindlichen Lager nahm sich ein Officier seiner an, der ihm
zuflüsterte: Ego tibi condoleo, nam et ego addictus sum
Augustanae confessioni [40]). Unterdessen war an mehreren
Punkten ein Brand ausgebrochen, welcher durch den Wind über
die ganze Stadt ausgebreitet wurde und der Plünderung ein Ziel
setzte. Das Feuer dauerte von Mittag bis in die Nacht, es ver=
schonte nur den Dom, den die Kaiserlichen schützten, und der noch
heute unverändert, als Denkmal des alten Magdeburg dasteht.
Die undeutschen Truppen hausten am schrecklichsten, nämlich die
rohen Kroaten, deren Namen seit jener Zeit mit Abscheu genannt
werden (sie waren eine leichte Cavallerie mit glänzender Be=
waffnung), und die Wallonen, die bereits im Dienste der Spanier,
durch den vieljährigen Krieg gegen die Niederländer, verwildert
waren. Die Kroaten enthaupteten in der Katharinenkirche 53
Weiber; mehrere Frauen stürzten sich, um diesen Unmenschen zu

entgehen, ins Feuer. Den andern Tag wurde die Ausraubung der Keller fortgesetzt. Auf den Straßen lag Alles voll Todte, da hörte man ein jämmerliches Schreien und Weinen der Kinder, die nach ihren Aeltern riefen.

Tilly begab sich am 22. Mai in den Dom, wo tausende von Frauen und Kindern ohne Nahrung eingesperrt waren; der alte Domprediger Back bat ihn um Gnade, und faßte seine Wehklage in die Worte Virgils:

Venit summa dies et ineluctabile tempus
Dardaniae. Fuimus Troës. Fuit Ilium et ingens
Gloria Teucrorum.

Wirklich war Magdeburgs Schicksal nur mit jenen Schreckens= Ereignissen der alten Zeit, mit der Zerstörung von Troja und der von Jerusalem zu vergleichen.

Der Name Tilly's wurde im protestantischen Deutschland verabscheut und verflucht, weil man ihn verantwortlich für alle jene schrecklichen Thaten hielt. Doch ist die herkömmliche Dar= stellung, wie sie auch Schiller giebt, widerlegt. Wie Titus bei der Einnahme Jerusalems die Verbrennung des Tempels nicht hindern konnte, wie er nachher, als er die veröbete Stadt betrat, ihr Schicksal beweinte, ähnlich verhielt es sich mit Tilly.

Der brandenburgische Administrator wurde verwundet und gefangen nach Wien gebracht. Erschüttert durch das namenlose Unglück, das er gesehen, und das er zum großen Theil veranlaßt hatte, wurde er das Jahr darauf Katholik. Er glaubte in Magde= burg's Fall den Zorn des Himmels über den Protestantismus zu sehen.

Warum aber war Gustav Adolf nicht zur rechten Zeit ge= kommen?

Er vernahm die Nachricht mit dem größten Schmerz. Er hielt es für nöthig, sich gegen den ungeheuern Vorwurf, der sich von allen Seiten gegen ihn erheben mußte, in einem Manifest zu verantworten. Der Kern seiner Apologie ist der, daß die beiden protestantischen Kurfürsten, der von Brandenburg und der von Sachsen, bis zur Stunde jedes Bündniß mit ihm verweigerten. In neuester Zeit haben leidenschaftliche Vertheidiger der kaiserlichen Sache den König von Schweden des schwärzesten Verrathes beschuldigt. Er hätte, und Falkenberg im Einverständniß mit ihm, den Untergang Magdeburgs mit Absicht herbeigeführt, um die protestantischen Reichsstände aus ihrer Unthätigkeit aufzurütteln, und auf seine Seite zu ziehen. Aber die Zeitgenossen, so viel ich sehe, dachten anders, und mit Recht. Gustav Adolf hätte höchst unvernünftig gehandelt, denn für ihn selber war der Verlust dieser Stadt, der dadurch hervorgerufene Schrecken vor den kaiserlichen Waffen, und das ungünstige Licht, in welchem er selbst nun erschien, gewiß ebenso nachtheilig, oder noch nachtheiliger, als eine verlorene Schlacht. Es ist vielmehr eine unbestreitbare Thatsache, daß Gustav Adolf, wenn er ohne Verzug auf Magdeburg losrückte, eine Hauptschlacht in den Niederungen der Elbe gegen die vereinigten Streitkräfte Tilly's und Pappenheim's annehmen mußte, und daß er hiefür ohne irgend welche Unterstützung von Seiten der zwei benachbarten mächtigsten protestantischen Fürsten, allein mit seinen Schweden, zu schwach war [41]).

Nun aber machte er gegen seinen zögernden Schwager Ernst. Er rückte mit seiner Armee vor Berlin und richtete seine Artillerie gegen das Schloß. Jetzt endlich gab Georg Wilhelm nach, öffnete ihm alle seine Festungen, und bewilligte Subsidien. Noch immer wichen Gustav und Tilly einander aus. Tilly verwüstete die Länder des Landgrafen von Hessen und des Herzogs von Sachsen-Weimar, welche sich bereits für die Schweden erklärt hatten. Gustav Adolf manövrierte mit großer Vorsicht. Er hatte nun den Rücken frei und errichtete ein befestigtes Lager bei Werben, wo die Elbe und Havel zusammenfließen. Hier endlich traten die beiden großen Feldherren einander gegenüber. Tilly wagte den Sturm, aber vergeblich. Gustav Adolf bekam neue Truppen aus Schweden, mit welchen seine Gemahlin ihm nachzog. Er bekam Gelder aus Holland und Frankreich. Er fesselte die sich ihm anschließenden Fürsten, wie den Landgrafen Wilhelm V. von Cassel, und den kriegslustigen Herzog Bernhard von Weimar, durch die Aussicht auf große Eroberungen im Reiche. Bernhard war ein jüngerer Prinz ohne Land, ein für das Lutherthum begeisterter Mann, ein Bewunderer seiner Vorfahren, die in der Reformationszeit für die evangelische Sache eingestanden waren, der Kurfürsten Friedrich, Johann, und Johann Friedrich von Sachsen; ein Mann von so großen kriegerischen Talenten, daß Gustav Adolf seinen steigenden Ruhm zuletzt nicht ohne Eifersucht wahrnahm [42]. So bildete sich um den fremden König eine Gruppe von deutschen Fürsten, die ihre ganze Hoffnung auf ihn setzten, und die in ähnlichem Verhältniß zu ihm standen, wie die Rheinbundfürsten zu Napoleon. Aber noch zögerte das Haupt der ganzen protestantischen Partei, nämlich der Kurfürst Johann Georg von Sachsen. Wer hat diesen endlich auf die Seite des Schweden getrieben? Dies hat Tilly gethan.

Der Kurfürst wollte seine Neutralität auch gegen die Kaiserlichen wahren. Maximilian zwar verlangte, daß man den Sachsen schone, und nicht zum äußersten treibe. Aber Kaiser Ferdinand drang auf Entscheidung. Tilly und Pappenheim konnten bei ihren Kriegsoperationen das Sachsenland nicht mehr unberührt lassen. Tilly schickte zwei Gesandte an den Kurfürsten nach Merseburg, mit der Forderung, entweder sein Heer mit dem kaiserlichen zu vereinigen, oder sich als Feind behandeln zu lassen. Aber Johann Georg erklärte den Gesandten bei Tafel, er sehe wohl, man habe das sächsische Confect bis zuletzt aufbewahrt, aber man werde die Nüsse schwer zu knacken finden. Er ging auf nichts ein, und nun wurde es Ernst. Sachsen, welches bis dahin von den Kämpfen, die ringsumher tobten, gänzlich verschont geblieben war, wurde zum Kriegsschauplatz. Pappenheim nahm Merseburg, Tilly nahm Leipzig mit Gewalt ein, und nun wurde der phlegmatische Kurfürst im höchsten Grade aufgebracht. Sollte dieß der Dank des Hauses Habsburg sein für die so viele Jahre bewiesene Treue, für die Anhänglichkeit an den Kaiser, für die bei der Unterwerfung Böhmens und Schlesiens geleistete Hülfe! Er sandte von selbst Botschaft zu Gustav Adolf und verlangte ein Bündniß um jeden Preis.

Johann Georg war nicht ein so verächtlicher Fürst, wie man ihn gewöhnlich darstellt. Die ungünstigen Berichte über ihn schreiben sich von den französischen Gesandten her, Maubert und Feuquières. Eine richtigere Würdigung hat er in unserer Zeit durch Barthold in der „Geschichte des großen deutschen Krieges" gefunden.

„Johann Georg war seines Jahrhunderts, wie Friedrich Wilhelm I. von Preußen nach ihm, der letzte deutsche Fürst von altem Schrot und Korn; einfach in seinem Wesen, bieder, fromm, ehrbarer treuer Gatte der vortrefflichen Magdalena Sibylla, ernst und gewissenhaft in seinem Regentenamte, wirthschaftlich, streng, wo es noth that, ein zuverlässiger Freund, wo solche Bande freiwillig eingegangen, versöhnlich, theilnehmend. Vor allem aber erwärmte ihn innige Liebe zum deutschen Vaterlande, und durchglühte ihn Haß gegen die Fremdlinge, zumal die zum Verderben des heimischen Reiches die deutschen Gemüther schmeichelnd überschlichen. Das ist seine Hauptbedeutung, darin sah sein Verstand, wie Friedrich Wilhelm I. am klarsten. Darum erblicken wir denn seinen Hof fast unverändert nach dem Zuschnitt des Reformationszeitalters, selbst noch mit jener, wir möchten sagen bauernhochzeitlichen Opulenz; im wohlthuenden Abstich zu der Wirthschaft seines Sohnes, und gar seiner Enkel Johann Georg III. und König Friedrich August's. Darum konnte denn der Marquis de Feuquières so wenig Gefallen in Dresden finden, und schmähte auf die beleidigende Aufnahme; der Kurfürst haßte seine Nation und sein Gewerbe. Die Kunde französischer Sprache war in Dresden, wie überhaupt noch in Deutschland, sehr selten; des Kurfürsten Tochter hatte kaum im fünfzehnten Jahre Unterricht darin."

Neben dem, was Bartholdt zu Gunsten dieses Fürsten hervorhebt, sind seine großen Fehler nicht zu läugnen. Er war der altdeutschen Untugend des Trunkes ergeben, in dem Maß, daß mitunter er selbst und seine Räthe von der Tafel weggetragen werden mußten. Merseburger Bier war sein Lieblingsgetränk. So gab er seinen Gegnern, besonders den Franzosen — die andere Nationalfehler haben — Stoff zur Ausübung ihres Witzes. Auch Maximilian war ihm nicht hold und bestellte sich ein Gemälde, auf dem Johann Georg, vulgo Biergörgel, als Bacchus auf einem Fasse reitend zu sehen war [43].

Maßlos war er auch in der Leidenschaft für das Waidwerk; während seiner 42jährigen Regierung wurden auf den Hofjagden 113,629 Stück Wild, darunter 28,000 wilde Schweine, 208 Bären, 3543 Wölfe u. s. w. erlegt. Indessen trieb er es hierin nicht viel weiter als die meisten Fürsten jener Zeit. Er war nicht ohne persönlichen Muth, doch kein Feldherr, und in seinem Auftreten hatte er mehr von einem Poltron an sich als von einem ächten Kriegsmann.

Gustav Adolf empfing den sächsischen Gesandten Arnim (denselben, den Wallenstein nach Preußen gesandt hatte), einen Mann, der verschiedenen Herren gedient und eine zweideutige Rolle gespielt hat, anfangs sehr kühl und erreichte damit, daß Johann Georg sich und sein Land ihm ganz in die Arme warf.

Das Kurfürstenthum Sachsen war damals weit bedeutender, als das jetzige Königreich. Mit Vergnügen hielt Gustav Adolf die Heerschau über die ihm zugeführte sächsische Armee, welche so stark oder stärker war als das ganze Kriegsvolk, welches er aus Schweden herübergeführt hatte.

Gustav Adolfs Kriegführung, die sich im ersten Jahre seit seiner Landung kümmerlich hinschleppte, hatte nun ganz andere Dimensionen gewonnen. Er war nicht mehr der Anführer einer mäßigen, mehrentheils ausländischen Truppenmacht, sondern er führte nun zugleich beinahe die Hälfte von Deutschland gegen die andere Hälfte in den Kampf.

Das Gewitter zog sich in derselben Ebene von Leipzig, wo sich vierzehn Monate später Wallenstein und Gustav Adolf begegneten, wo 1813 die große Völkerschlacht stattfand, zusammen. Tilly und Pappenheim hatten die Stadt in Besitz, Gustav Adolf rückte vom Norden heran und stützte sich auf das Dorf Breitenfeld, eine Meile von Leipzig. Er achtete seinen berühmten Gegner nicht gering; an Streitkräften waren sie ungefähr gleich, doch war Tilly's Stern schon im Sinken, denn die Kaiserlichen hatten im Laufe eines Jahres fast das ganze Norddeutschland räumen müssen. Tilly war bedächtig und zauderte. Von der einen Seite drängte Johann Georg, von der anderen drängte Graf Pappenheim zur Entscheidung. Am 17. September früh hatte Gustav Adolf seine beiden Armeen in Schlachtordnung, die Sachsen und die Schweden bildeten zwei getrennte Treffen. Die Sachsen waren wohlgenährt und schön uniformirt, die Schweden vom Wetter gebräunt und abgerissen; die Mehrzahl der Schweden hatte keine Uniform, sondern schwedische Bauerntracht. An diesem Tage sahen sie besonders ungünstig aus, denn sie hatten auf frisch gepflügten Aeckern bivouakiert. Aber die Sachsen waren Neulinge, die Schweden Veteranen. In der kaiserlichen Schlachtlinie commandierte

Graf Fürstenberg gegenüber den Sachsen, Pappenheim gegen=
über den Schweden. Tilly selbst hielt im Centrum. Wie die
Schlacht bei Leipzig am 17. October 1813 von König Murat
durch ein colossales Reitergefecht eröffnet wurde, so machte bei
Breitenfeld Pappenheim den Anfang mit einem großen Cavallerie=
angriff. Aber Gustav Adolfs kunstreiche Schlachtordnung, und
besonders seine leichte Artillerie war ihm zu stark. Mittags be=
gann die große Kanonade, aber auch diese hielten die Schweden
aus. Unterdessen wurden die Sachsen von Fürstenberg gänzlich
geschlagen. Tilly rückte nach, aber mittlerweile überflügelten
Gustav Adolf und General Banner die Kaiserlichen auf der
rechten Seite, eroberten die Artillerie, und die kaiserlichen Kanonen
wurden gegen die Reste der kaiserlichen Armee gerichtet; Tilly
selbst, der 71jährige, der an diesem Tage 14 Feinde mit eigener
Hand erlegte, umgab sich mit einem Carré von Veteranen, und
diese hielten Stand wie die alte kaiserliche Garde bei Waterloo,
bis in die dunkle Nacht. Dann geleiteten sie ihren verwundeten
Feldherrn nach Halle. Er hatte nur noch 600 Mann Infanterie,
Graf Pappenheim 1400 Reiter übrig. Johann Georg schämte
sich, mit seinen Sachsen geflohen zu sein, aber er wurde von
Gustav Adolf ganz freundlich aufgenommen, und begeistert für
seinen neuen Beschützer, bot er ihm bei einem Banket, seine deutsche
Gesinnung verläugnend, seine Dienste an, um die römische Königs=
krone auf sein Haupt zu setzen.

Der Sieg bei Breitenfeld übertraf Gustav Adolfs kühnste
Erwartungen. Von diesem Tage an erfüllte ihn eine erhöhte
Zuversicht, er sei von Gott gesandt. Er war in einer ähnlichen
Stimmung wie Oliver Cromwell nach seinen ersten großen Er=
folgen.

Dieß war einer von den entscheidenden Tagen in der Welt=
geschichte. Das protestantische Deutschland gewann mit einem=

mal Siegeszuversicht. Gustav Adolf war nun der volksthüm-
lichste Mann. Die geistlichen Fürsten und auch Maximilian
wurden von Schrecken überfallen. Kaiser Ferdinand II. vernahm
die Nachricht, als er sich eben zur Tafel setzen wollte, durch den
Böhmen Slawata (einen von den zum Fenster hinausgestürzten).
Er behielt seine Fassung. Er ließ sich nichts merken und setzte
sich wie sonst zu Tische. Nachts sandte er die Eilboten an seine
in Süddeutschland stehenden Generale, daß sie Tilly zu Hülfe
kommen sollten.

Nach dem Sieg bei Breitenfeld lag der Gedanke am nächsten,
daß nun Gustav Adolf augenblicklich in Böhmen einrücken, dieses
unglückliche Volk zu den Waffen rufen und dann gerades Weges
auf Wien losgehen sollte. Dieß war die Meinung des Generals
Gustav Horn, und Oxenstierna, der damals nicht bei dem König
war, erwartete dieß ganz bestimmt und hoffte dem König in Wien
zu gratulieren.

Blicken wir auf die neuere Kriegsgeschichte, so scheint es,
daß durch sie die Meinung dieser Männer bestätigt wird. Der
größte Meister der Kriegskunst in unserem Jahrhundert, Napoleon,
hat bekanntlich auf diese Art seine glänzendsten Erfolge errungen.
Er drang so rasch wie möglich ins Herz des feindlichen Landes,
führte eine Hauptschlacht herbei und ging dann auf dem geradesten
Wege gegen die Hauptstadt los. So hat er 1805 gegen Oesterreich, 1806 gegen Preußen, 1809 wiederum gegen Oesterreich
und 1812 gegen Rußland operiert. Gustav Adolf machte es
anders, und er beging damit den größten Fehler auf seiner Feld-
herrnlaufbahn. Dieß sind nicht blos Laienansichten, sondern der
scharfsinnigste deutsche Strategiker in unserem Jahrhundert,
Heinrich von Bülow hat so geurtheilt [44]).

Gustav Adolf übertrug seinem neuen Freunde Johann Georg
den Feldzug nach Böhmen, während er selbst mit seinen Schweden

in Eilmärschen über den Thüringer Wald nach dem Main und
dem Rhein ging, das heißt, er überließ einem unzuverlässigen
Bundesgenossen die Hauptsache und wählte für sich selbst die
Nebenaufgabe.

Der Kurfürst von Sachsen hat denn auch wirklich Prag ohne
große Mühe eingenommen und Garnisonen in die böhmischen
Festungen gelegt. Aber er drang nie gegen Oesterreich vor, und
als Wallenstein ein Heer gegen ihn sammelte, ließ er sich von
diesem, ohne einen Hauptschlag zu wagen, ganz gemächlich aus
Böhmen hinausmanövrieren. So schläfrig wurde dieser wichtige
Feldzug geführt, daß man denken möchte, es sei blos ein Schein=
krieg und eine unter der Hand abgemachte Sache gewesen. Wirk=
lich war General Arnim bestochen; Johann Georg nicht, doch bei
ihm stand es so, daß in ihm, als er nicht mehr in Gustav Adolfs
Nähe, und nicht mehr in Gefahr sich befand, die alte kaiserliche
Gesinnung wieder aufwachte und er sich bei dem Krieg gegen seinen
Lehensherrn höchst unbehaglich fühlte. Unterdessen wurde es dem
Kaiser möglich, mit Hülfe Wallensteins neue Kräfte aus seinen
Erblanden zu sammeln und in Folge dessen nahm der ganze
Krieg im folgenden Jahre eine andere Gestalt an.

So war denn in der That der Beschluß, den Gustav
Adolf nach dem großen Siege über Tilly zu fassen hatte, von
ähnlicher Tragweite wie der Entschluß zur Landung in Deutsch=
land. Wieder war ein Augenblick gekommen, wo durch die Willens=
bestimmung eines einzigen Mannes über die Zukunft Deutsch=
lands entschieden wurde. Der endgültige Sieg der protestan=
tischen Sache, die Beseitigung der habsburgischen Macht lag ganz
nahe, die Gelegenheit war gegeben, und wurde durch die Abschwen=
kung der Schweden nach rechts versäumt. Im Interesse des
Protestantismus und der geistigen Freiheit ist es zu beklagen;
aber wir müssen eben darin ein höheres Walten ehren, welches

10*

nicht zuließ, daß das ganze deutsche Reich dem einen oder dem andern Princip anheimfiel, welches vielmehr Deutschland dazu bestimmt hatte, daß hier die beiden großen Geistesrichtungen einander das Gleichgewicht halten sollten.

Fragen wir nach den Gründen, die Gustav Adolf zu jenem befremdenden Entschluß bestimmten, so sind wir auf Vermuthungen angewiesen. Wahrscheinlich dachte er gerade dadurch Sachsen mit Oesterreich gründlich zu verfeinden und es an sich zu ketten, während er fürchtete, wenn er selbst nach Oesterreich rückte, würde Sachsen hinter seinem Rücken von ihm abfallen. Seine Schweden allein waren aber nicht stark genug, um die Last des ganzen Kampfes zu tragen. Sie bedurften Erholung und Entschädigung für die Mühen der letzten fünfviertel Jahre, und er hatte ihnen solche versprochen. In der Anrede vor der Schlacht bei Breitenfeld sagte er seinen Officieren: „Ihr und eure Landsknechte habt schon oftmals gesagt: selig würdet ihr wohl unter meiner Anführung, aber nicht reich. Aber hinfüro habt ihr nicht blos ewige, sondern auch zeitliche Güter zu erwarten, wenn ihr euch wie sonst schlaget, sintemal euch die ganze Pfaffengasse offen steht, in welcher ich eure Mühe, Arbeit und Ungemach reichlich vergelten will.“ Die Pfaffengasse nannte er jene lange Reihe der geistlichen Fürstenthümer: Bamberg, Würzburg, Fulda, Mainz, Cöln und Trier, welche in den gesegnetsten Gegenden Deutschlands lagen und sich als eine leichte Beute darboten. In diesen fruchtbaren Landstrichen gedachte er nicht allein für den Augenblick sich zu verstärken, sondern als Eroberer eine schwedische Hausmacht mitten in Deutschland zu gründen, denn gegen die geistlichen Herren fühlte er sich durch gar keine Rücksichten gebunden, und er hatte sich auf seiner Brautfahrt jene Länder nicht umsonst besehen. Zugleich sah er in der Säcularisation dieser geistlichen Fürstenthümer die treffendste Antwort auf Ferdinands Restitutionsedict. Wirklich kam er am Anfang des folgenden Jahres mit großen Verstärkungen aus diesen Gegenden nach Schwaben und Bayern herüber. Daß aber unterdessen Wallenstein sich aufs neue, und zwar mit solcher Macht erheben würde, das hat wohl Gustav Adolf nicht, und auch sonst Niemand geahnt.

Er zog mit seiner Armee nach Erfurt, der alten mainzischen Stadt. Er suchte sie für sich zu gewinnen. Er ermächtigte die Bürger, über seine Soldaten, wenn sie Excesse begingen, Gericht zu halten. Er verlangte von ihnen einen Eid der Treue und vertraute ihnen seine Gemahlin an, welche in dem Stutternheimischen Palast daselbst wohnen sollte. Auch die katholischen Geistlichen in Erfurt mußten ihm Gehorsam versprechen. Hier traf er auch zum erstenmal mit den Jesuiten zusammen. Diese fielen ihm um Gnade bittend zu Füßen. Er sagte: „Ihr seid Schuld an all dem vergossenen Blut, dafür wird Gott euch richten; mischt euch nicht in Staatsgeschäfte, ermahnt eure Brüder zum Gehorsam, bleibt ruhig, dann, aber auch nur dann soll euch nichts geschehen." Hierauf überschritten die Schweden wie im Fluge den Thüringer Wald. Er brach in dem Bisthum Würzburg ein und wurde von dem protestantischen Städtchen Schweinfurt willkommen geheißen. Er hat das Gymnasium, welches dort noch besteht, gestiftet. Die Stadt Würzburg, von wo der Bischof sich geflüchtet hatte, war eine leichte Beute, aber einen furchtbaren Kampf kostete die steile, wohlvertheidigte Veste Marienberg; bei der Einnahme derselben gaben die Schweden der Besatzung keinen Pardon, oder wie man damals sagte, Quartier. Die Erinnerung an Magdeburg reizte zur Rache. Auch Mönche, die mitgekämpft hatten, lagen unter den Erschlagenen. Doch einige von diesen hatten Sir John Falstaff's Kriegslist erwählt. Gustav Adolf rief ihnen lächelnd zu: stehet auf, es soll euch nichts geschehen.

Hier gab es reiche Beute an Wein und Vorräthen aller Art, auch an Thalern und Ducaten. Die Finnen, welche in den Wildnissen von Polen und von Pommern mit Suppe von Wasser mit schimmligem Brod hatten vorlieb nehmen müssen, füllten nun ihre Sturmhauben mit Wein und Semmeln. Alle die schönen Orte des bischöflichen Unterfrankens wurden in Bälde eingenommen. Als der König gegen Frankfurt am Main rückte, bettelten die Gesandten der Reichsstadt um Neutralität, weil sonst ihre Frankfurter Messe zu viel Schaden litte. Der König nahm diesen Krämergeist mit Befremden wahr, und fand mit Leichtigkeit den Schlüssel zu ihrer Stadt, worauf er einen glänzenden Durchzug hielt, um auf Höchst und auf Mainz loszugehen, von wo sich der Erzbischof geflüchtet hatte. Dann gab es noch eine harte Arbeit an der hessischen Bergstraße und in den Gefilden der Pfalz, wo alle festen Plätze noch in der Gewalt der Spanier waren. Am 16. December überschritt Gustav Adolf bei Oppenheim den Rhein. An der Stelle des Rheinüberganges wurde eine Denksäule errichtet, auf deren Spitze ein sitzender Löwe mit Helm und geschlossenem Visir, etwas geschmackles, zu sehen ist.

Tags darauf kämpften seine Schweden auf dem linken Rheinufer gegen die Spanier. Die Besatzung in Oppenheim wurde niedergehauen. Dort in Oppenheim liegen die Schädel der Schweden und der Spanier beisammen. Dort trafen die Protestanten des äußersten Nordens und die Katholiken des äußersten Südens aufeinander.

Nach diesen Thaten hatte Gustav Adolf einen angenehmen Winter in den herrlichen Städten Frankfurt und Mainz. Er ließ seine Gemahlin nachkommen. In Mainz hielt er Hof und erreute sich einer Stellung, wie Napoleon bei dem Erfurter Fürsten-

Congreß 1808. Er empfing die Gesandten der fremden Mächte
und sah eine ganze Schaar von deutschen Reichsfürsten, die ihm
ihre Huldigung darbrachten, um sich versammelt. Schon längere
Zeit folgte ihm auf seinen Zügen der flüchtige Friedrich V., den
er vom ersten Tage an als König von Böhmen begrüßte und mit
königlichen Ehren bedienen ließ. Wie nun die Schweden die
Pfalz eingenommen hatten, erwartete Friedrich, im Schlosse seiner
Väter zu Heidelberg wieder einziehen zu dürfen. Aber Gustav
Adolf machte gar keine Miene dazu. Seine Pläne waren ganz
andere. Gesetzt, Friedrich V. wäre ein fähiger und bedeutender
Mann gewesen, so behielt sich doch Gustav Adolf freie Verfügung
über die Pfalz noch vor. Die Gegenden am Main, Neckar und
Rhein, die für Deutschland sind, was die schöne lombardische
Ebene für Italien, sollten ein schwedisches Fürstenthum werden,
und unter der Verwaltung des treuen Freundes Oxenstierna
stehen. Mainz, die alte kirchliche Metropole Germaniens, zu=
gleich der militärisch wichtigste Punkt zur Vertheidigung gegen
Frankreich, sollte die Hauptstadt für diese neue protestantische
Centralgewalt abgeben. — Die noch übrigen katholischen Fürsten,
an ihrer Spitze der geflüchtete Kurfürst von Mainz, versuchten
nun im Auftrag des Kaisers Friedensunterhandlungen. Die
12 Punkte, welche Gustav Adolf vorschlug, waren so kühn gefaßt,
daß er für jetzt wohl noch auf keine Annahme rechnen konnte.
Sie zeigen, wie klar und großartig er seine damalige Stellung
auffaßte: das Restitutionsedict ungültig, Katholiken und Evan=
gelische in allen Theilen Deutschlands geduldet, Böhmen in seine
Freiheit wieder hergestellt, alle Verbannten zurückgerufen, die
Kurwürde von Bayern an das pfälzische Haus zurückgegeben, alle
Jesuiten aus dem ganzen Reich für immer verbannt. Der König
von Schweden wird, zur Anerkennung für die Rettung Deutsch=
lands, zum römischen König erwählt, das heißt, er bekömmt die

Anwartschaft auf die Kaiserkrone nach Ferdinands Tod. Be=
kanntlich hatte man im deutschen Reich diese Ehrenstelle, ähnlich
wie in den späteren Zeiten des altrömischen Kaiserreiches der
dem Imperator Augustus nächststehende den Titel Cäsar trug.

Aus diesen Anerbietungen wurde nichts. Ein neuer Feldzug
wurde im März 1632 eröffnet. Der Bischof von Bamberg hatte
den Schweden gute Worte gegeben, sie rückten unter Gustav Horn
ein, wurden aber dann von bayrischen Truppen angegriffen.
Dieß war für Gustav Adolf das Signal zum Einbruch in
Bayern. Nürnberg war im Winter von Tilly belagert worden.
Diese schönste aller deutschen Reichsstädte bewährte damals noch
ihre mittelalterliche Kühnheit und Kraft, die Nürnberger waren
nicht allein reich, sondern auch tapfer, 30,000 Bürger über
achtzehn Jahre trugen die Waffen, und die Vertheidigung war
so energisch, daß Tilly mit der Klage abziehen mußte: „Ich sehe,
daß mir das Glück nimmer wohl will.“

Wie nun Gustav Adolf ankam am 31. März, wurde er mit
dem größten Jubel empfangen. Er rechnete der Reichsstadt ihre
Haltung hoch an, er stellte ihre Patrizier weit über die Frank=
furter, bei denen nur die Mercantia gelte. Dießmal ging es
rasch weiter nach Donauwörth, dessen Freiheit hergestellt wurde,
dann galt es den Lech zu überschreiten bei Rain. Nun standen
sich Gustav Adolf und Tilly zum dritten Mal, Gustav Adolf und
Maximilian zum ersten Mal gegenüber. Die Bayern lagen auf
dem rechten höheren Ufer, durch Verschanzungen, Wald und
Sümpfe gedeckt. Der Kampf war weniger eine Schlacht, als ein
großartiges Artilleriegefecht über den Fluß hinüber und herüber.
Gustav Adolf hatte 72 Kanonen aufgefahren. In dem Walde,
wo die Bayern standen, war ein Krachen der zerschmetterten
Bäume, wie wenn hunderte von Holzhackern zugleich arbeiteten.
Der Pulverrauch, verstärkt durch Anzündung anderer Brenn=

materialien, bedeckte den Fluß. Tag und Nacht arbeiteten die Schweden an einer Brücke. Dann wurden 300 Finnen über diese Brücke voraus geschickt, und gleichzeitig ging die Reiterei durch das Wasser. Schon war Tilly tödtlich verwundet; die Bayern unter Maximilian, hierdurch entmuthigt, wichen auf Ingolstadt zurück und nahmen den alten sterbenden Mann in einer Sänfte mit. Er nahm Abschied von Maximilian mit der Mahnung, Regensburg vor allen zu schützen.

Tilly hatte in jungen Jahren unter den spanischen Statthaltern der Niederlande, Alba, Don Juan und Alessandro Farnese gedient, dann unter Kaiser Rudolf II., endlich unter Maximilian und Ferdinand. Seit er selbst commandirte, hatte er in zwanzig Schlachten niemals verloren. Erst als er dem jungen König von Schweden bei Breitenfeld gegenüber stand, verließ ihn der Sieg, und auch da nur durch Graf Pappenheims Ungestüm. Tilly war ein kleiner hagerer Greis; man sah ihn gewöhnlich auf weißem Rosse, er trug ein grünatlassenes Wamms mit Schlitzärmeln, einen vierkrämpigen Hut, von dem eine lange rothe Feder bis zu den Hüften herabhing; er hatte Pistolen im Sattel, ein ungeheures Schwert zur Seite; sein Gesicht war faltig, die Stirn breit, die Nase groß; er trug den Knebelbart nach damaliger Mode. Er war in seinen Sitten untadelig; sehr verschieden von Wallenstein, verschmähte er es Fürst zu werden; er hinterließ ein mäßiges Vermögen, das er seinen Veteranen vermachte; die Soldaten nannten ihn ihren alten Vater.

Napoleon wurde von unseren Vätern, die unter ihm gelitten und gegen ihn gekämpft haben, als ein Wütherich ohne Gleichen angesehen. Gegenwärtig betrachtet man ihn in anderem, hellerem und günstigerem Lichte; das Urtheil über ihn ist durch die Geschichte berichtigt worden. In ähnlicher Weise stand Tilly bei renen, die er bekämpft hat, in sehr bösem Andenken; aber auch ihm ist später eine gerechte Beurtheilung geworden; doch mit dem Unterschied, daß, bis es dahin kam, bei Napoleon nur dreißig, bei Tilly dreihundert Jahre vergehen mußten.

Er war der erste unter den vier Haupthelden des deutschen Krieges, welcher ins Grab sank. In Bälde folgten ihm die drei anderen nach.

In Augsburg, wo durch das Restitutionsedict die evangelischen Prediger ausgetrieben, die Rathsherren abgesetzt waren, wurde Gustav Adolf als Befreier begrüßt. Er legte großen Werth auf den Besitz dieser Stadt. Er ließ in der St. Anna-Kirche den evangelischen Gottesdienst halten. Er wohnte in dem Fuggerischen Haus auf dem Weinmarkt. Hier wagte er die Huldigung zu verlangen, und der neue evangelische Rath schwur „ihm treu, hold und gewärtig zu sein, wie es Unterthanen geziemt“ — eine neue Andeutung seiner weitgehenden Pläne. Dann wurde Ingolstadt vergeblich bestürmt. Eine Kanonenkugel traf des Königs Pferd in den Bauch, er stürzte, wurde für todt gehalten, stand aber auf mit den Worten: „Der Apfel ist noch nicht reif.“

Damals wurde den Franzosen vor den Erfolgen Gustav Adolfs, vor den Fortschritten, zu denen sie selbst geholfen hatten, bange. Ludwig XIII. sagte: „es ist hohe Zeit, den Fortschritten des Gothen ein Ziel zu setzen.“ Richelieu's Abgesandter St. Etienne erbot sich zum Friedensvermittler, erlebte aber einen üblen Empfang. Als später eine Kriegsdrohung von jener Seite laut wurde, erwiderte Gustav Adolf: „Se. Maj. von Frankreich braucht sich nicht zu bemühen, ich werde ihm an der Spitze meiner Armee einen Besuch in Paris abstatten.“

Von Ingolstadt ging es auf Landshut. Dort herrschte die größte Angst, denn die Bauern in den altbayrischen Ortschaften, welche Gustav Adolf für den Antichrist hielten, hatten an vereinzelten schwedischen Soldaten Grausamkeiten verübt, ihnen Nasen und Ohren abgeschnitten, Arme und Beine verstümmelt. Es war der Jahrestag der Zerstörung Magdeburgs, als Gustav Adolf in Landshut einritt. Da fielen die Geistlichen und Rathsherren vor ihm auf die Kniee. Er antwortete hart, aber er handelte königlich und verschonte die Stadt. Dann ging es München zu. In Freising thaten die Münchener Beamten und Bürgermeister ihren Fußfall und empfingen großmüthige Zusagen. Die Stadt war befestigt, Maximilian hatte um die alte Mauer her neue Schanzen aufführen lassen, von denen jetzt nichts mehr existirt. Aber es fehlte an einer Besatzung, denn das bayrische Heer stand in Regensburg. Auf der alten Landshuter Landstraße über dem Gasteig zogen am 17. Mai die Schweden heran, dort wo der Anblick Münchens am schönsten ist[45]. Gustav Horn ritt voran, später kam Gustav Adolf mit Friedrich von der Pfalz, mit den Herzogen Wilhelm und Bernhard von Weimar und anderen Fürsten. Auf dem Gasteig überreichten ihm die Rathsherrn knieend die Schlüssel der Stadt. So ging es über die hölzerne Brücke zum Isarthor herein. Nie vorher war in München ein Eroberer eingerückt. Um die Stadt zu schonen, ließ Gustav Adolf nur drei Regimenter einmarschieren, welche die Wachen besetzten; die übrige Armee schlug ein Lager auf dem Felde auf. Gustav Adolf stieg in der damals neuen Residenz ab. Die Kurfürstin Elisabeth war mit den Reliquien des heil. Benno nach Salzburg geflohen. Neben Gustav Adolf wohnte Friedrich V. in den Zimmern seines Vetters und großen Gegners Maximilian. Hier verweilte Gustav Adolf drei Wochen. Auch in einem Hause auf dem Marienplatz soll er gewohnt haben; vielleicht bei seinem zweiten kurzen Besuch. Er verlangte eine ungeheure Contribution, 400,000, dann 300,000 Thaler, die man selbst mit Aufopferung der Kostbarkeiten aus Privathäusern und Kirchen nicht aufbringen konnte. Aber im Uebrigen benahm er sich außerordentlich edel, hielt strenge Zucht, ließ einige Missethäter aus seiner Armee aufhängen, und verbot jede Störung oder auch nur Verspottung des katholischen Gottesdienstes — ganz anders, als es die Münchner mochten erwartet haben. Dieß entsprang zum Theil seiner Gemüthsart, zum Theil aber auch der Politik. Schon betrachtete er sich als das künftige Haupt von Deutschland, und er war fest entschlossen, daß auf dem Boden des Reichs kein Religionszwang mehr stattfinden, sondern beide Confessionen gleiche Rechte genießen sollten.

Zu Augsburg hatte er seinen Hofprediger Dr. Jakob Fabricius gegen das von den Jesuiten vertretene Princip der Ketzerverfolgung predigen lassen; Gott verlange freiwillige Anbetung und Niemand solle zur Annahme des wahren Glaubens gezwungen werden [46]).

München, die schöne Stadt auf der öden Hochfläche, nannte Gustav Adolf scherzhaft einen goldenen Sattel auf einem mageren Klepper. Die Residenz gefiel ihm so wohl, daß er sie auf Walzen zu setzen und nach Stockholm zu führen wünschte. Er wollte wenigstens den Baumeister mitnehmen, da erfuhr er, daß dieser Baumeister Maximilian selber war. Tags nach der Ankunft visitierte er mit den Fürsten die Zeughäuser. Da fing man an, wie die bayrischen Bauern sagten, „die Todten aufzuwecken", denn es waren 140 Stück Kanonen und Mörser vergraben, zum Theil Trophäen aus Prag und aus der Pfalz. Die Bauern, die man zu dieser Arbeit bestellte, waren sehr willig, da ihnen Gustav Adolf eine Hand voll Dukaten schenkte und sich selbst zu ihnen auf die Blöcke niedersetzte und ihnen wies, wie man die schweren Stücke herausziehen sollte. Diese Geschütze und andere Kostbarkeiten wurden nach Augsburg geschafft. Draußen auf dem Felde hielt er eine Revue und machte „unterschiedliche

Schlachtordnungen". Seine Leutseligkeit gefiel besser als die am Wiener und Münchner Hof übliche Nachahmung der spanischen Grandezza. Wenn Jemand Gustav Adolf Schmeicheleien sagte, antwortete er, er möge diese Zierlichkeiten für die Damen der Königin aufheben.

Die katholischen Gottesdienste wurden so feierlich wie je gehalten; der König selbst besuchte den Gottesdienst in der Jesuiten = und in der Frauenkirche. Evangelischen Gottesdienst ließ er nur in der Residenz halten. In der Jesuitenkirche disputierte er mit dem Pater Rector lateinisch von dem Sakramente des Altars. Beim Ausgang aus der Frauenkirche ließ er am Himmelfahrtstage Geld unter die Leute auswerfen, darüber, wie das Theatrum Europäum sagt, „ein großes Gedräng und Gereiß gewesen." Bei seinem Abzug nach Augsburg wurden 42 Männer, theils Geistliche, theils Rathsherren und Bürger, als Geiseln mitgenommen und dort längere Zeit in der alten bischöflichen Residenz gefangen gehalten [47]).

Aber indessen war im Osten des Reichs ein schwarzes Gewitter aufgestiegen. Wallenstein war wieder da. Wie Achilleus, zürnend über die Atriden, unthätig in seinem Gezelt verweilte und den Leiden der Achäer zusah, bis Hektor den Wall des Lagers erstürmte und den Feuerbrand in die Schiffe warf, so hatte Wallenstein in seinem Palaste zu Prag und auf seinen Gütern in Böhmen das Unglück der kaiserlichen und der bayrischen Waffen beobachtet und seine Zeit abgewartet. Diese Zeit war nun gekommen. Drei Tage nach der Schlacht von Breitenfeld hatte Graf Pappenheim an ihn geschrieben und ihn als den einzigen Mann, der jetzt noch helfen könne, aufgerufen. In seiner größten Bedrängniß ersuchte ihn Kaiser Ferdinand um Hülfe; Wallenstein versprach ein Heer von 50,000 Mann aufzubringen, aber er stellte bekanntlich solche Bedingungen, wie sie wohl noch nie ein Unterthan seinem Kriegsherrn gestellt hat. Wallenstein war Dictator im ganzen Reich, gegen jede Einwirkung des Kaisers sicher gestellt, von den kaiserlichen Gerichten eximirt und Oberlehnsherr über alle durch ihn zu erobernden Länder. In der That wurde dadurch der Herr zum Knecht, der Knecht zum Herrn.

Wallenstein wendete sich zunächst gegen die Sachsen, führte den Krieg in Böhmen, und that absichtlich für Bayern so lange wie möglich nichts. Er ließ Maximilian in seiner verzweifelten Lage stecken. Er hatte gedroht, „der Bayernfürst müsse noch so klein werden, wie der geringste Edelmann."

Während Gustav Adolf in München verweilte, geschahen in der Ferne die Dinge, welche andeuteten, daß sein Glück zu sinken anfing. Am 5. Mai wurde Prag von Wallenstein erobert, und am Ende des Monats war ganz Böhmen von den Sachsen geräumt. Die Verrätherei Arnims, der von dem Feinde 60,000 Thaler als Geschenk annahm, und das Phlegma des Kurfürsten Johann Georg zerstörten Gustav Adolfs ganzen Plan. Denn seine Berechnung war offenbar die gewesen, daß die Sachsen Böhmen behaupten und nach Oesterreich vordringen sollten; dann wollte er selbst, nach Unterwerfung Bayerns, in der Donauebene vorrücken, sich mit den Sachsen vereinigen, gegen Wien marschieren und die habsburgische Macht gründlich zerstören. Aber nun gestaltete sich alles anders. Anstatt des sächsischen Bundesgenossen kam ein neuer Feind, Wallenstein, mit einer neuen, furchtbaren Armee ihm entgegen und vereinigte sich mit Maximilian in der Oberpfalz. Anstatt eines raschen und endgültigen Sieges, war nun ein härterer Kampf als je zu erwarten.

Gustav Adolf muß die furchtbare Tragweite dieser Ereignisse tief empfunden haben, aber er äußerte seine Gefühle nicht in unmännlichen Klagen. Es blieb nichts übrig, als der Gefahr gerade entgegenzugehen, und dieß that er, indem er von München und Augsburg so rasch wie möglich mit der ganzen Armee nach Nürnberg rückte. Es galt vor allem, diese protestantische und ganz schwedisch gesinnte Reichsstadt zu schützen, damit sie nicht von einem ähnlichen Schicksale wie Magdeburg ereilt würde. Auch war für ihn selbst Nürnberg als Stützpunkt für die neue Kriegführung unentbehrlich.

Als er der Reichsstadt nahe kam, war sein erstes Beginnen eine merkwürdige Unterhandlung, deren Urkunden im Nürnberger Archiv erhalten sind. Durch die bitteren Erfahrungen, die er mit den Fürsten gemacht hatte, fühlte er sich dazu gedrängt, in diesem ernsten Augenblicke an die Reichsstädte zu appellieren.

An diese wendete er sich, einmal weil er mehr Entschlossenheit bei ihnen fand, als bei den Fürsten, sodann weil sie die eigentliche Geldmacht jener Zeit waren, und Gustav Adolf war ohne Zweifel der gleichen Meinung wie Oxenstierna, welcher auf die Frage, was man zum Krieg brauche, antwortete: „Erstens Geld, zweitens Geld, und drittens noch einmal Geld."

Erst durch seine Gesandten Chemnitz und Sattler, dann unmittelbar nach seiner Ankunft in eigner Person, theilte er den Patriciern Fürer, Volkamer und Richter seine Vorschläge mit. Es sollte ein evangelisches corpus formatum in corpore imperii gebildet werden. Den Kern dieser großen Körperschaft sollten die protestantischen Reichsstädte bilden. Diese Körperschaft müsse eine Kriegsmacht haben, um mit dem Kaiser sub clypeo tractieren zu können. Sie müsse ein Haupt haben, und hiezu erbot sich Gustav Adolf. Er verlange nur die eroberten geistlichen Herrschaften für sich. Von den Fürsten, die er ge-

rettet oder wieder eingesetzt hätte, müsse er, anstatt des Kaisers,
als Oberlehensherr angesehen werden. Die andern Fürsten wür=
den sich dann auch dazu einstellen. Den niederländischen Pro=
vinzen, als sie gegen Spanien zusammenhielten, sei ihre Be=
freiung gelungen. Warum sollte es nicht auch den deutschen
Ständen gelingen? Er verglich die Stellung, die er für sich ver=
langte, mit der des Generalstatthalters in den Niederlanden.
Der König sagte: „Der Kaiser möchte mit seinen Kurfürsten
thun, was er wollte, und wenn er an sieben nicht genug hätte,
möchte er siebzehn machen. Wenn die Städte bei ihm (Gustav
Adolf) getreulich hielten, getraute er sich, mit Gottes Hülfe, dem
Feinde gewachsen zu sein, sonderlich diese sechs Städte: Straß=
burg, Nürnberg, Augsburg, Ulm, Frankfurt und Erfurt. Er
könnte sowohl als die Jesuiten Teufel austreiben, er hätte deren
5000 auf einmal neulich zu Augsburg ausgetrieben, wäre eine
Lust zu sehen gewest, wie sie da ausgezogen.“ Bei diesem Ge=
spräche kam unangemeldet der König von Böhmen in das Gemach,
wodurch die Verhandlung unterbrochen wurde. Wahrscheinlich
hatte er gemerkt, daß es sich von einem Plane handle, bei welchem
die Interessen der Fürsten schlecht wegkamen.

Als die Herren Patricier eine Zusammenkunft der Fürsten
und Städte vorschlugen, wo man über die Sache „wegen ihrer
hohen Importanz conjunctim deliberieren“ sollte, zeigten die
schwedischen Gesandten, wie genau ihr Herr die Schwächen des
deutschen Charakters kannte. „In diesem Falle dürfte Kursachsen
wohl ein halbes Jahr disputieren, in weß Namen das Ausschrei=
ben geschehen sollte. Mit den Städtetagen ginge es auch also
her, daß man von einander scheidete, wie man wäre zusammen=
kommen, mit dem defectu mandati, und daß man zu diesem
oder jenem nicht instruiert, sich entschuldigte, alles ad referendum
nähme, und im End' keinen Schluß machte.“ — Es lautet bei=

nahe, als wäre Gustav Adolf bei den Bundestagssitzungen in der Eschenheimer Gasse zugegen gewesen [48]).

Unterdessen zog sich das ganze Kriegsgewitter um Nürnberg zusammen.

Nürnberg war nicht geräumig genug, um neben seiner Bevölkerung noch eine Armee aufzunehmen, deßhalb errichtete der König ein befestigtes Lager, welches im weiten Umkreis die ganze Stadt, die Vorstädte, Wörth und Gostenhof umfing. Er selbst durchritt die ganze Umgebung und leitete die Arbeiten. Durch die Thätigkeit vieler tausend Menschen waren in wenig Tagen die neuen Gräben, Schanzen und Hornwerke vollendet und mit 300 Kanonen armirt [49]). In diesem umfassenden Zufluchtsort fanden sich außer der schwedischen Armee und ihrem Troß die flüchtigen Landleute ein. Die Bürger selbst waren bewaffnet, die Stimmung in der Stadt war vertrauensvoll und kriegerisch, wiewohl Wallenstein mit weit überlegener Heeresmacht sich näherte. Jetzt endlich nahm der Krieg die größten Dimensionen an.

Wallenstein errichtete auch seinerseits ein befestigtes Lager auf den Höhen bei Fürth. Die beiden feindlichen Heere zusammen zählten ungefähr 120,000 Mann und 50,000 Pferde. Das Frankenland litt entsetzlich unter dieser ungeheuern Last. Denn die beiden Feldherren waren gezwungen, fortwährend einzelne Corps auszusenden, um Proviant einzubringen. Hiebei fielen beständig in den Umgebungen Einzelkämpfe vor, aber kein Hauptschlag. Denn Wallenstein befolgte nun eine ganz andere Kriegsweise, als die, welche man von ihm gewohnt war. Er machte es wie der alte römische Dictator Fabius, der sich auch auf die Höhen setzte und durch Zaudern und Abwarten den Hannibal ermüdete.

Hiebei verfolgte er jedoch noch eine andere tiefliegende politische Absicht. Er, von dem man ein gesetzloses Verfahren und eine verächtliche Behandlung der Fürsten gewohnt war, benahm sich gegen Gustav Adolf höchst ritterlich. Oberst Taupadel, den Gustav Adolf ausgesandt hatte, wurde in einem Gefecht mit den Croaten gefangen. Wallenstein entließ ihn „ohne einigen Entgelt oder Ranzion" und schickte ihn mit „stattlichen Verehrungen" an Gustav Adolf zurück. Einen gefangenen schwedischen Rittmeister ließ er vor der Auswechselung „zur Tafel fordern, hielt allerlei Discurs mit ihm und sagte, er hielte den König aus Schweden für den besten und tapfersten Cavalier in der Welt, und möchte gern sehen, daß ein heilsamer Friede getroffen werden könnte [50]." Wahrscheinlich hatte Wallenstein die Absicht, hiebei nach dem Kaiser wenig zu fragen und selbst mit Gustav Adolf die Herrschaft über Deutschland zu theilen. Dieser aber ging auf nichts ein. Wohl mochte er auf einen abermaligen Sieg hoffen, der ihm glänzendere Bedingungen verschaffen würde, und es war ihm Ehrensache, solche für das ganze protestantische Deutschland zu erringen.

So standen sich die beiden Gewaltigen mit gleicher Stärke gegenüber und versuchten, wer es am längsten aushalten könne, während ihre Heere durch die vereinzelten Kämpfe, durch Mangel an Nahrung und durch Seuchen so große Verluste erlitten, wie etwa in einer mörderischen Schlacht.

Während dieser spannenden und aufreibenden Lage zerfiel die Disciplin in Gustav Adolfs Armee, so daß er darüber aufs höchste entrüstet wurde. Er sagte gleich anfangs zu den Patriciern, sie sollten nur alsbald selbst exequiren, die Soldaten henken und die Officiers einsetzen lassen. Es waren nicht so sehr die geborenen Schweden, als die Deutschen, welche Excesse begingen, und Gustav Adolf klagte, „wenn er anfangs gewußt hätte, daß es so zugehe und daß er solche Leute antreffen würde, wollte er keinen Degen für sie angerührt haben. Er müsse hören,

daß man nur immer klagte: Der Schweb', der Schweb' thue dies
und das. Man solle nur klagen und Probationes erstatten, so
wolle er ernstlich und ohne Ansehen der Person richten."

Endlich, am Tag Peter und Paul, ließ Gustav Adolf im
Lager alle Officiere zu sich fordern, und hielt in Gegenwart der
Fürsten, Grafen und Herren eine solche Ermahnung, "daß män-
niglich darüber erschrocken und sich zum höchsten entsetzet, denn
ihre königliche Majestät niemals in solcher Cholera gesehen worden." — "Ihr Fürsten, ihr Grafen, ihr Herren, ihr Edelleute, ihr
seid diejenigen, die ihr Untreue und Frevel an eurem selbsteignen
Vaterlande beweiset, welches ihr selbsten ruiniret. Ihr Obristen,
ihr Officiere vom höchsten bis zum niedrigsten, ihr seid diejenigen,
die ihr stehlet und raubet ohne Unterschied, keinen ausgenommen.
Ihr bestehlet eure Glaubensgenossen. Ihr gebt mir Ursach, daß
ich einen Ekel an euch habe, und Gott mein Schöpfer sei mein
Zeuge, daß mir das Herz im Leibe gället, wenn ich euer einen
anschaue, daß ihr solche Verbrecher seid, und Ursach gebet, daß
man öffentlich sagt: Der König, als unser Freund, thut uns
mehr Schaden, als unsre Feinde. Ihr hättet, wo ihr rechte
Christen wäret, zu bedenken, was ich an euch beweisen thue, wie
ich mein Leben für euch spendiere. Ich habe eurethalben meine
Kron ihres Schatzes entblößet, und in die 40 Tonnen Goldes
aufgewendet. Dargegen habe ich von euch und eurem deutschen
Reich nicht bekommen, daß ich mich damit schlechtlich bekleiden
könnte."

Hierbei dachte der König nicht an die reichen geistlichen
Fürstenthümer, welche er in Besitz genommen hatte, sondern an
die Territorien der protestantischen Herren.

"Ich habe euch Alles gegeben," sagte er, "was mir Gott
in meine Hand gegeben hat. Ich habe nicht (reverenter zu melden) ein Säustall behalten, den ich nicht unter euch getheilet

11*

hätte. Keiner unter euch hat mich jemals um etwas angesprochen, das ich ihm versagt hätte. Wo ihr mein Gebot und Ordnung in Acht genommen, wollte ich euch die eroberten Länder alle ausgetheilt haben. Ich bin Gott Lob und Dank reich genug, begehre nichts von dem Eurigen. Wollet ihr rebellieren, so will ich mich zuvor neben meinen Schweden und Finnen mit euch herumhauen, daß die Stück von uns fliegen sollen! Gehet in euer Herz und Gewissen und bedenket, wie ihr mich betrübet, sogar daß mir die Thränen in den Augen stehen möchten. Ihr handelt übel mit mir, wegen eurer bösen Disciplin, nicht aber wegen eures Fechtens, denn darin habt ihr gehandelt wie redliche und rechtschaffene Cavalier, und dafür ich euch viel obligieret bin. Mir ist so wehe bei euch, daß mich verdreußt mit einer solchen verkehrten Nation umbzugehen. Wohlan, nehmt meine Erinnerung zu Herzen, mit ehestem wollen wir an unsern Feinden sehen, was ein ehrlich Gemüth und rechter Cavalier ist."

Als Gustav Adolf geraubte Kühe vor eines Corporals Zelt sah, faßte er den Corporal bei den Haaren und übergab ihn dem Profoßen zur Strafe mit den Worten: „Komm her, mein Sohn, es ist besser, ich strafe Dich, als daß Gott nicht allein Dich, sondern auch um Deinetwillen mich, und uns Alle mit einander strafe[51]."

Nach langem Warten wurde Gustav Adolf durch ein Armeecorps verstärkt, welches ihm Oxenstierna und Herzog Bernhard am 13. August zuführten. Bernhard hatte unterdessen den Krieg in Oberschwaben gegen die Kaiserlichen fortgesetzt, Ravensburg, Bregenz, Memmingen, Kempten, Landsberg, Schongau, Füssen eingenommen, und die Schanzen von Ehrenberg, beim Eingang ins Tyrol (hinter Hohenschwangau) erstürmt.

Nur höchst ungern folgte er dem Befehl, zu dem Hauptheer zu stoßen. Endlich wagte Gustav Adolf am Bartholomäustag den großen Angriff gegen Wallensteins Verschanzungen auf der alten Veste. Nach der jetzigen Kriegführung hätte man diese zuerst durch ferntragende Kanonen demoliert. Gustav Adolf versuchte das Unmögliche, sie durch Infanterie zu stürmen. Erst mußten die Deutschen, dann die Finnen ins Feuer; 2000 blieben todt. Es war ein nutzloses Menschenopfer. Zum ersten Mal hatte Gustav Adolf in einer großen Action nicht gesiegt. Noch vierzehn Tage harrte er aus, dann faßte er einen schweren aber nothwendigen Entschluß. Während er Oxenstierna und Knip= hausen zur Vertheidigung Nürnbergs zurückließ, marschierte er selbst mit der Hauptarmee in Schlachtordnung und mit klingen= dem Spiel an Wallensteins Lager vorbei gegen Westen nach Neustadt an der Aisch und nach Windsheim. Er gedachte, wenn Wallenstein Nürnberg angreife, ihm in den Rücken zu fallen. Aber Wallenstein täuschte auch diese Erwartung. Er verwüstete die Umgegend, verbrannte sein Lager und marschierte mit seiner ganzen Armee nordwärts gegen Forchheim. Gustav Adolf dachte, sich in Bayern zu erholen und machte Anstalt zur Belagerung Ingolstadts. Aber bald wurde er abgerufen, denn Wallensteins Heer war mit schrecklichen Verwüstungen in Sachsen eingebrochen und hatte Leipzig genommen. Hier galt es zu helfen, damit nicht die sächsische Macht zum Anschluß an den Kaiser genöthigt würde.

So brach denn Gustav Adolf von Neuburg an der Donau auf, holte die in Nürnberg gebliebenen Schweden ab und erreichte mit einer Armee von 20,000 Mann Erfurt. Dort brachte er einen Abend bei seiner Gemahlin zu, arbeitete die ganze Nacht und nahm am Morgen mit düstern Ahnungen Abschied von Eleonora. In Naumburg, wo man ohne Zweifel unsägliche Angst vor den Gräuelthaten der Wallensteiner hatte, wurde er als Retter begrüßt. Die Leute fielen vor ihm auf die Knice und küßten den Saum seines Gewandes. Eben darum befürchtete er, daß ihn bald ein Unglück treffen werde.

Wallensteins Truppen lagen südlich von Leipzig in den Dörfern um Lützen. Gustav Adolf hatte Nachricht, daß Pappenheim mit den Seinigen abmarschiere, und gedachte, Wallenstein allein zu überfallen. Beide Armeen wurden während der Nacht in Schlachtordnung gestellt. Gustav Adolf übernahm das Commando des rechten, Herzog Bernhard das des linken Flügels. Der König brachte die Nacht mit Herzog Bernhard in seinem Wagen zu. Am Morgen des 6. (16.) November bedeckte ein schwerer Nebel die Ebene, wie er in Norddeutschland häufig, bei uns selten vorkömmt. Im schwedischen Heer wurde der Morgengottesdienst verrichtet. Die Trompeter bliesen Luthers Choral: Ein' feste Burg ist unser Gott (Umdichtung des 46. Psalms) und der König ließ das Lied anstimmen:

> Verzage nicht, du Häuflein klein,
> Obschon die Feinde Willens sein
> Dich gänzlich zu zerstören.

Er zeigte nicht dasselbe freudige Vertrauen wie sonst, doch redete er seine Schweden und dann die Deutschen mit mannhaften Worten an. Um 11 Uhr brach die Sonne durch und der König gab das Zeichen zum Angriff. Er selbst ging, mit der Cavallerie, den Kürassieren Piccolomini's und den Croaten entgegen. Er sagte zu dem finnischen Obersten Stahlhandske: „Greif mir die schwarzen Kerle an, sie werden uns übel bekommen." Unterdessen war die Infanterie im Centrum, nachdem sie schon eine feindliche Batterie genommen, zurückgedrängt worden. Der König wollte mit dem smaländischen Cavallerie-Regiment ihr zu Hülfe eilen. Er ritt mit seinen Begleitern so rasch voran, daß ihn das Regiment aus den Augen verlor, denn der Nebel hatte

wieder überhand genommen, da stieß Gustav Adolf mit seinen
wenigen Gefährten auf einen Trupp feindlicher Küraſſiere. Es
kam zum Gefecht mit Piſtolen und Degen. Der König erhielt
drei Schüſſe. Er ſank vom Pferde, welches ihn eine kurze Strecke
ſchleifte, der Herzog Franz von Lauenburg, der neben ihm ritt,
floh, die andern fielen, nur noch ein achtzehnjähriger Jüngling,
Auguſt von Leubelfing, war an des Königs Seite. Er ſprang
vom Pferd, um den König aufzuheben. Dieſer ſtreckte die Arme
nach ihm aus, aber Leubelfing fand ihn zu ſchwer. Unterdeſſen
ſprengten feindliche Küraſſiere vorbei und fragten: wer der Ver=
wundete wäre. Leubelfing ſchwieg. Darauf ſchoß einer der Reiter
den Verwundeten mit der Piſtole durch den Kopf. Gustav Adolf
ſagte: „Ich bin der König von Schweden geweſen“ und verschied.
Der Leichnam wurde mit mehreren Säbelſtichen durchbohrt und
gänzlich ausgeplündert gefunden. Auch Leubelfing blieb ſchwer
verwundet liegen.

Die ſchwediſchen Regimenter wurden den Tod ihres Königs
inne, als das Pferd ohne Reiter und blutig zurückkam. Die
Schlacht auf dem linken Flügel war bis dahin ſchwankend; durch
die furchtbare Nachricht wurden die Schweden zum äußerſten ent=
flammt und gewannen unter Herzog Bernhard einen entſchiedenen
Sieg. Aber unterdeſſen kam Graf Pappenheim, er hatte Gegen=
befehl bekommen und eilte mit ſeiner Reiterei in der größten Haſt
auf das Schlachtfeld. Die Ordre, mit Pappenheims Blut ge=
färbt, iſt im Archiv zu Wien. Er ſuchte den König, der ſchon
unter den Todten war. Ein neuer noch härterer Kampf folgte,
in welchem Pappenheim durch den Finnen Stahlhandſke tödtlich
verwundet wurde. Das ſchwediſche gelbe Regiment litt ohne zu
weichen ſo furchtbar, daß nur der ſechſte Mann aufrecht blieb.
Am Abend ſchien die Sonne noch einmal hervor auf den unent=
ſchiedenen Kampf.

Die Heeresmassen, die sich an diesem Tage gegenüber stan=
den, waren weniger zahlreich, als in der Schlacht, die vierzehn
Monate früher bei Breitenfeld stattfand. Aber der Kampf war
mörderischer, der Verlust ebenso groß wie damals, 9000 Todte
und auffallend viel Officiere darunter.

Beim Einbruch der Nacht ließ Wallenstein zum Rückzug
blasen und führte unverfolgt den Ueberrest des Heeres nach
Leipzig. Die Kaiserlichen ließen die Kanonen auf dem Schlacht=
felde stehen, welches die Schweden behaupteten.

Pappenheim starb am andern Morgen zu Leipzig in der
Pleißenburg, nachdem er den Tod seines großen Gegners ver=
nommen.

Graf Heinrich von Pappenheim war im gleichen Jahr mit
Gustav Adolf geboren. Er war unter seinen Gegnern der ritter=
lichste, von Gustav Adolf selbst bewundert. Nach seiner Stellung
im kaiserlichen Heere hat man ihn mit dem Telamonischen Ajax
verglichen. Er war eine der letzten und schönsten Blüthen des
katholischen Ritterthums, wie Gustav Adolf die edelste Gestalt
des lutherischen Fürstenthums; beide fielen binnen eines Tages.

An den Tod gefeierter Fürsten knüpft sich gewöhnlich die
Sage, daß Verrath und Meuchelmord im Spiel gewesen sei. So
hat man den Herzog Franz von Lauenburg, welcher unmittelbar
darauf in kaiserliche Dienste überging, als Mörder Gustav Adolfs
beschuldigt. Die Schweden haben dieß Gerücht begünstigt und
damit die Entrüstung gegen die andere Partei geschürt. Aber
dieser Verdacht, wiewohl er schwedischer Volksglaube wurde, ist
gänzlich widerlegt, denn der Vater des August von Leubelfing
(Stadtoberster von Nürnberg) hat die Aussagen seines sterbenden
Sohnes niedergeschrieben und diese sind die Quelle unseres Be=
richtes [52]).

Der Leichnam des Königs wurde auf einem Bauernwagen

in der Nacht nach dem Dorfe Meuchen gebracht und in der Kirche
niedergelegt, wo der Schulmeister einen Gottesdienst und ein
Kriegsmann eine Gedächtnißrede hielt. Den folgenden Tag
wurde der Leichnam in einem Sarg, den der Schulmeister ver=
fertigte, nach Weißenfels gebracht, wo ihn der Apotheker Casparus
einbalsamirte. Dort fand sich auch die untröstliche Königin Eleo=
nore ein. Der Leichnam wurde nach Wolgast in Pommern und
von dort nach Schweden geführt und in Stockholm in der Ritter=
holmskirche beigesetzt. Ein Reitknecht, Jakob Erichson, der neben
Gustav Adolf verwundet worden war, kam mit dem Leben davon.
Er versuchte, von 13 Bauern unterstützt, einen großen Stein
nach der Stelle zu wälzen, wo sein König gefallen war. Unter
Seufzen und Weinen vermochten sie ihn nur dahin zu bringen,
wo er jetzt liegt (der „Schwedenstein"), die eigentliche Stelle, wo
Gustav Adolf gestorben, soll 40 Schritte davon entfernt sein [33].

Der Kampf wurde nicht weiter verfolgt. Wallensteins Heer
wendete sich nach Böhmen, die Schweden blieben in Sachsen
stehen. Ueber Gustav Adolfs Tod war Wehklage im ganzen prote=
stantischen Deutschland. Diese Klage war um so schmerzlicher,
da der König, an dessen Leben so viel lag, die persönliche Tapfer=
keit bis zur Tollkühnheit getrieben, alle Vorsicht bei Seite gesetzt,
und sich dadurch, wie man meinte, unnöthiger Weise in den Tod
gestürzt hatte. Auch seine Gegner ehrten ihn, und keiner der katho=
lischen Geschichtschreiber jener Zeit hat sein Andenken geschmäht.
Ferdinand II. sprach sich, als seine Hofleute ihm Glück wünsch=
ten, würdig aus: „Verharren wir in Demuth, befehlen wir die
Sache Gott dem Herrn. Wie gerne hätte ich ihm längeres Leben
und eine fröhliche Heimkehr in sein Königreich gegönnt, wäre nur
für Deutschland Friede erzielt worden" [34].

Mit Gustav Adolf sanken seine großen Pläne und die Aus=
sichten auf eine neue Ordnung im Reich unter einem protestan=

tischen Haupte ins Grab. Männer zweiten Ranges traten an die Spitze der schwedischen Sache und der protestantischen Partei. Die Kriegführung artete in ein rachgieriges, planloses, unabsehbares Wüthen ohne große und edle Ziele aus, das nur zum Verderben Deutschlands dienen konnte, und dieses Verderben wurde dadurch vollständig, daß nach dem Tode Gustav Adolfs die Franzosen in den Krieg eintraten, angeblich um den Protestanten zu helfen, in der That aber, um das Reich zu zerrütten und Theile davon an sich zu reißen, was ihnen auch gelang.

Habsburgs beschränkte, unduldsame und freiheitsfeindliche Politik hatte den Anlaß zu alle diesem Unglück gegeben. Wohl mochte auch ein wahrer deutscher Patriot die Uebertragung der Kaiserkrone auf ein anderes Haupt wünschen. Die Wahl der Kurfürsten war frei, im Jahre 1620 kam auch Maximilian von Bayern in Vorschlag, aber kein deutsches Fürstenhaus war stark genug, um den Principat zu übernehmen und zu behaupten, wie man aus einem Blick auf die damalige Karte Deutschlands erkennen kann. Oesterreich mit seiner weitüberlegenen Hausmacht würde sich keinem andern Fürsten untergeordnet haben. Allein Gustav Adolf war im Stande, die hiezu nöthige Grundlage zu gewinnen, und er hatte die wahrhaft königlichen Eigenschaften, die ihn vor allen anderen einer solchen Stellung würdig erscheinen ließen. Der Wunsch, daß die nächste Kaiserwahl auf ihn fallen möchte, wäre kein Verrath an der deutschen Nationalität gewesen, denn er war in seinem ganzen Wesen ebenso sehr deutsch als schwedisch, er war den Deutschen weit weniger fremd als der in Spanien erzogene Karl V., der kaum die deutsche Sprache verstand.

Gustav Adolf vertrat allein unter den Fürsten den Grundsatz, welcher Deutschland den Frieden bringen, welcher es glücklich und stark machen konnte, nämlich den Grundsatz der gleichen

Berechtigung der Confessionen. Unter einem solchen Haupte wäre Deutschland gegen Frankreich gesichert gewesen.

Aber es war von der Vorsehung anders beschlossen. Wer kann auch sagen, daß ihm seine Entwürfe bei längerem Leben gelungen wären! Seine Sache, da er in Deutschland einbrach, war von Anfang an nicht lauter, und sie wurde im Laufe der Zeit immer unreiner. Wer, von Ehrgeiz getrieben, den Eroberungs= krieg beginnt, eröffnet dadurch die Pforten der Hölle. Die Men= schen werden während der Blutarbeit wie von bösen Geistern er= füllt. Selbst Gustav Adolf konnte mit allem dem Adel und der Festigkeit seines Willens die Gräuel des Krieges und die anhe= bende Verwilderung seines Heeres nicht fern halten, und seine Schweden wurden nach seinem Tode ebenso wie die Friedlän= dischen Truppen ein Fluch und Abscheu für das Vaterland. Wie der römische Senat nach dem Tode des strengen Kaisers Septimius Severus ausrief: „Er hätte entweder nie geboren werden, oder nie sterben sollen!" — so darf man bei Gustav Adolfs frühem Tode den Wunsch aussprechen: möchte er entweder nie in Deutsch= land gelandet sein, oder nachdem er gelandet war, das höchste Ziel des menschlichen Lebens erreicht haben, um große und wohl= thätige Entwürfe auszuführen und das alternde Reich zu ver= jüngen!

Gustav Adolf war noch nicht 38 Jahre alt, als ihn der Tod ereilte. Er war von hoher Gestalt, ein ächter Sohn des Nordens mit goldenem Haar, blauen Augen und feinem Teint, die Wel= schen nannten ihn il Re d'oro. Muth und Würde leuchteten aus seinen Blicken und der Ernst seines Angesichts war durch einen lieblichen Zug der Milde veredelt. Das deutsche Gemüth (welches übrigens auch bei den Schweden zu Hause ist) eröffnete ihm die Herzen derer, die mit ihm zu thun hatten, und stimmte sie zum Vertrauen und zur Freundschaft. Eine zuverlässige Büste ist

meines Wissens nicht von ihm vorhanden, das Wenige, was die
Phrenologen aus seinem Porträt schließen können, stimmt mit
dem, was die Geschichte bezeugt, überein, man bemerkt an seiner
Kopfbildung die Eigenschaften des Wohlwollens, der Festigkeit und
der religiösen Ehrfurcht.

Wallenstein spielte nach Gustav Adolfs Tod seine Rolle
nur noch 14 Monate, dann ereilte ihn am 18. Februar 1634
auf dem Schlosse zu Eger sein furchtbares Geschick. Sein Proceß
wurde nicht in den Formen des Rechts geführt. Er fiel als ein
Opfer schrecklicher, kaiserlicher Lynch-Justiz. Die Nachwelt hat
versucht, den Proceß zu führen und das Urtheil über seine Schuld
oder Unschuld festzustellen, aber es ist noch nicht gelungen und
wird vielleicht niemals gelingen. Denn ein Theil der Acten ist
zerstört, und was noch davon übrig ist, enthält ungelöste Räthsel-
knoten, welche Wallenstein selbst durch seine trügliche Macchia-
vellische Politik geflochten hat. Er stand in Unterhandlung mit
Herzog Bernhard von Weimar, er ließ sich von den Franzosen
heimlich die Krone Böhmens versprechen. Ob er aber wirklich
vom Kaiser abfallen, oder nur die Feinde in die Irre führen
wollte, ist nicht entschieden. Als sein Vertheidiger ist Friedrich
Förster aufgetreten, als sein letzter Ankläger Friedrich Hurter,
aber entschieden ist, wie gesagt, die Sache nicht [55]. Kaiser Ferdinand II. hatte sich schwach gezeigt, als er sich auf dem Reichstag
zu Regensburg durch das Drängen der Fürsten bestimmen ließ,
Wallenstein gänzlich zu entlassen. Er zeigte sich abermals schwach,
als er zwei Jahre später jene maßlosen Forderungen Wallensteins
bewilligte. Er war nun in einer ganz falschen Stellung gegen
seinen Oberfeldherrn, und ein schwacher Charakter, der sich in
eine verkehrte Lage gebracht hat, weiß sich dann gewöhnlich nur

durch eine verzweifelte Maßregel aus derselben zu retten. Wieder waren es die Fürsten, und namentlich der von Wallenstein miß=handelte Maximilian, welche auf Bestrafung des Uebermüthigen drangen, und nach der That wünschte Maximilian dem Kaiser Glück dazu, daß Wallenstein den verdienten Lohn seiner Bosheit und seines Meineids empfangen habe. Wie in den großen Tragödien Shakespeare's am Schlusse der Tod eine rasche Ernte hält, so sind die vier Haupthelden des 30jährigen Krieges im Laufe von zwei Jahren gefallen. Tilly zuerst, dann Gustav Adolf und Pappenheim, dann Wallenstein. Man hat gesagt, daß nächst Gustav Adolf Wallenstein der geeignetste Mann gewesen sei, um die Einheit und Stärke des deutschen Reiches herzustellen, doch kann man seinen Tod, nicht wie den Gustav Adolfs beklagen, denn Wallenstein war ein sinistrer Charakter, ohne Gemüth, ohne Herz für das Volk, ein gesetzloser Räuberhauptmann, und die Centralgewalt, welche er anstrebte, wäre eine Anticipation des modernen bonapartischen Regimentes gewesen: unter Wallensteins eisernem Tritt hätte Freiheit und Recht, materielles und geistiges Wohl der Nation ersterben müssen.

Wenden wir uns nun zu Maximilian zurück, um noch einiges über die letzten 20 Jahre seines Lebens und über die Schicksale Bayerns in dieser Zeit zu sagen. Maximilian und Gustav Adolf standen sich im Kriege zweimal gegenüber: am Lech, als Tilly die tödtliche Wunde empfing, und bei Nürnberg, wo sich Maximilian in Wallensteins Lager befand, während Gustav Adolf den er=folglosen Sturm auf dasselbe unternahm; doch haben sich beide schwerlich von Angesicht gesehen. Als Wallenstein von Nürnberg nach dem Norden aufbrach und Bayern seinem Schicksal über=

ließ, eilte Maximilian mit seinen Truppen in sein Land zurück.
Er wurde zwar bald von Gustav Adolfs Gegenwart befreit, aber
dafür blieben der schwedische General Banner und der mit Schweden verbündete Pfalzgraf Christian von Birkenfeld in Schwaben
und Bayern und hausten mit schrecklicher Grausamkeit. Gegen
100 Dörfer wurden damals verbrannt. Die Jahre 1632, 33
und 34 waren für Bayern voll Jammer. Maximilian gewann
zum Ersatz für Tilly einen neuen trefflichen Feldherrn, Johann
von Werth, der am Niederrhein gebürtig, in kaiserlichem Dienst
während des langwierigen Krieges vom gemeinen Reitersmann
bis zum General aufgestiegen war[36]. Aber Herzog Bernhard
und die Schweden Horn und Torstenson verwüsteten Süddeutschland. Da wurde Landsberg im Sturm genommen und ausge-
mordet, Frauen und Jungfrauen stürzten sich in Verzweiflung
über den Felsen hinab. Da wurde Regensburg von Herzog
Bernhard erstürmt und geplündert. Das Kriegselend, welches
die Kaiserlichen sowohl als die Schwedischen um sich verbreiteten,
trieb die Bauern im Oberland zur Verzweiflung. In den Land-
gerichten Traunstein, Miesbach und Wasserburg standen 15,000
Landleute auf und bildeten eine Armee, um jeden Kriegsknecht,
jede Einquartierung mit Gewalt zurückzuweisen. Maximilian
mußte seine Reiterei gegen seine eigenen Unterthanen aussenden.
Sie wollten nichts hören, nur ein treuherziger Kapuzinerpater
gewann mit beweglicher Rede ihre Herzen, so daß sie die Waffen
niederlegten, indem sie gegen Leistungen an Geld und Naturalien
der Einquartierungslast enthoben wurden. Dagegen ging es bei
Ebersberg über die Bauern blutig her. Aufs neue brach Herzog
Bernhard ein, da wurde Landshut, welches Gustav Adolf ge-
schont hatte, eingenommen, und 12 Tage lang mit Mord und
Plünderung heimgesucht. Endlich trat eine große Wendung des
Krieges und eine Befreiung Bayerns durch die Schlacht bei

Nördlingen am 7. September 1634 ein. Da siegten die Kaiser=
lichen und Bayrischen unter dem jungen König Ferdinand. Gustav
Horn wurde als Gefangener nach Burghausen geführt. Noch
standen die Schweden in Augsburg, dieses wurde 7 Monate be=
lagert, die Einwohner aßen Ratten, Mäuse, Leder und mensch=
liche Leichname. Von 80,000 Einwohnern, welche Augsburg
bei Gustav Adolfs Besuch gehabt hatte, blieben nur 18000. Nach
der Uebergabe der Stadt kamen die schweren Geldforderungen
an die protestantischen Einwohner. Da vergingen die reichen
Handlungshäuser, die Gewerbe starben ab, die Paläste veröbeten.
Das Bisthum Eichstädt glich einer Wüste, es lebte kaum noch
der zehnte Mann. Ueber den Aeckern bildete sich Wald, die Wölfe
vermehrten sich und Zigeuner und Strolche zogen im Lande
umher.

Hierauf verstummte auf einige Zeit der Kriegslärm, aber
die Pest wüthete. In München starben daran nach der geringsten
Angabe 4500 Menschen. Maximilian flüchtete mit seiner Ge=
mahlin Elisabeth nach dem Kloster Ranshofen, dort starb sie [57]).

Als die Schweden in Folge der Schlacht bei Nördlingen im
Nachtheil waren, kam 1635 der Prager Friede zu Stande. Der
Kurfürst von Sachsen war mit den Schweden gänzlich zerfallen.
„Ihr Schweden packt euch fort vom Boden des Reiches, oder ich
will euch Beine machen!" rief er ihnen zu. Er trat zum Kaiser
über und vermittelte diesen Friedensschluß. Der Kaiser trat die
Lausitz an Sachsen ab und opferte in anständiger Form das
Restitutionsedict auf. Mit den geistlichen Gütern sollte es näm=
lich noch 40 Jahre so bleiben, wie es am 12. November 1627,
also vor dem Restitutionsedict gewesen war. Dafür aber wurde
freilich protestantischer Seits auf die Wiederherstellung der Pfalz
und des böhmischen Protestantismus verzichtet. Diesem Friedens=
schluß hätten billiger Weise alle Reichsstände beitreten und sich

mit einem 17jährigen Kriege befriedigen sollen [38]). Es waren
die Fremden, welche den Kampf nicht aufgeben wollten, nämlich
die Franzosen und die Schweden. Auf deutscher Seite gehörten
nur sehr wenige Fürsten zu der unersättlichen Kriegspartei, näm=
lich Bernhard, dem die Schweden ein Herzogthum Franken ange=
wiesen hatten, und der reformirte Landgraf Wilhelm von Cassel
und seine kühne Gemahlin Amalia.

Für Bayern begann mit dem Jahre des Prager Friedens
eine Ruhezeit von sechs Jahren.

Damals unternahm Maximilian eine Reise nach Wien, den
Inn und die Donau hinab, und vermählte sich in zweiter Ehe
mit Maria Anna, einer Tochter seines alten Freundes Kaisers
Ferdinand.

Inzwischen wüthete der Kampf in anderen Theilen des
Reiches noch fort.

In demselben Jahre, 1635, wo der Friede zu Prag ge=
schlossen wurde, setzte Cardinal Richelieu seinen großen Kriegs=
plan gegen die Habsburgischen Mächte ins Werk [39]). An drei
Hauptpunkten zugleich griff Frankreich die österreichische Monarchie
an. Im Valtellin, um die Verbindung zwischen Italien und
Deutschland zu stören, in Flandern, um die Spanier zu beschäf=
tigen, im deutschen Reich, um die Schweden zu unterstützen.
Damals eroberte Herzog Bernhard als französischer General das
Elsaß für die Franzosen. Er siegte bei Rheinfelden und schickte
die gefangenen Generale, darunter Johann von Werth, und die
erbeuteten kaiserlichen Fahnen nach Paris, wo die Fahnen als
Trophäen in der Notre=Dame=Kirche aufgehängt wurden. Bern=
hard starb unmittelbar nach jenen Siegen; sein Nachfolger,
Herr von Erlach, überlieferte die sogenannte schwedische Armee (in
der keine Schweden mehr waren) an Frankreich.

Endlich wälzte sich der Krieg aufs neue nach Bayern. Die

Schweden unter Wrangel, die Franzosen unter Türenne drangen über Donauwörth ein, Landshut und Freysing wurden einge= nommen, alles ergriff vor ihnen die Flucht, Maximilian entwich mit seiner Gemahlin und zwei kleinen Söhnen nach Wasserburg, doch blieb München verschont. Maximilian, von Oesterreich nicht genugsam unterstützt, trennte sich, um seinem Lande Schonung zu verschaffen, von dem Kaiserhaus und schloß mit den beiden Feinden den Waffenstillstand zu Ulm. Entrüstet hierüber, ver= suchte der Kaiser die bayrischen Officiere und Kriegsvölker in seinen Dienst hinüberzuziehen. Johann von Werth und vier Oberste fielen wirklich von Maximilian ab, aber die Soldaten blieben treu. Maximilian war im höchsten Zorn und setzte einen Preis von 10,000 Thaler auf den Kopf des Johann von Werth. Als aber nun Oesterreich selbst in die größte Gefahr kam, kündigte Maximilian den Waffenstillstand auf. Da fand bei Zusmars= hausen, am 17. Mai 1648 die letzte große Schlacht des langen Kampfes statt; Franzosen und Schweden siegten. Noch einmal wurden Ober= und Niederbayern mit dem Gräuel der Verwüstung heimgesucht [60]). Um dieselbe Zeit nahm der schwedische Feldherr Königsmark die Hälfte von Prag ein; hier, wo der 30jährige Krieg begonnen hatte, endigte er. In denselben Tagen wurde zu Münster der westphälische Friede unterzeichnet.

Dieser Friedensschluß war nicht die Frucht eines großen Erfolges von der einen oder von der anderen Seite. Er war vielmehr die Frucht der allgemeinen Erschöpfung. Er ging aus der Nothwendigkeit hervor, den entsetzlichen Leiden des Vater= landes ein Ende zu machen. Keine Partei hatte entschieden ge= siegt, keine hatte Ursache, über die andere zu triumphieren; alle Stände des Reiches hatten gelitten. Der Zerfall des Reiches wurde durch diesen Friedensschluß besiegelt. Die Schwäche des Reiches gegenüber den fremden Mächten kam zum Vorschein.

Dennoch überwog in ganz Deutschland das Gefühl der Freude und des Dankes gegen Gott, daß die Zeit der Schrecken, der seit den Raubzügen Attila's und der Hunnen keine zu vergleichen war, ein Ende genommen [61]). Dieses Gefühl hat der edelste deutsche Dichter jener Zeit, Paul Gerhard, in seinem Friedensliede ausgesprochen:

> Gott Lob, nun ist erschollen
> Das edle Fried'= und Freudenwort,
> Daß nunmehr ruhen sollen
> Die Spieß' und Schwerdter und ihr Mord!
> Wohlauf, und nimm nun wieder
> Dein Saitenspiel hervor!
> O Deutschland, singe Lieder
> Im hohen, vollen Chor!
> Erhebe dein Gemüthe
> Zu deinem Gott und sprich:
> Herr, deine Gnad' und Güte
> Bleibt dennoch sicherlich.
>
> Das drückt uns Niemand besser
> In uns're Seel' und Herz hinein,
> Als ihr zerstörten Schlösser
> Und Städte voller Schutt und Stein,
> Ihr vormals schönen Felder,
> Mit frischer Saat bestreut,
> Jetzt aber lauter Wälder,
> Und dürre, wüste Haid';
> Ihr Gräber voller Leichen,
> Und blut'gem Heldenschweiß,
> Der Helden, deren Gleichen
> Auf Erden man nicht weiß.

1) Das kirchliche Ziel, wofür Maximilian seit fünfzig Jahren gearbeitet hatte, war nicht erreicht, nämlich die Herrschaft der römisch=katholischen Kirche über das ganze Reich. Im Gegentheil, die Wiedereroberung Norddeutschlands wurde aufgegeben.

Das Restitutionsedict fiel zu Boden, indem das Jahr 1624 als Norm angenommen wurde, nach welcher der Besitz der geistlichen Güter hinfort geregelt sein sollte. Die drei Confessionen wurden als gleichberechtigt im Reiche anerkannt, doch war damit nicht das Ziel erreicht, welches Gustav Adolf im Auge hatte. Es wurde keine Freiheit der Culte verkündigt. Kein protestantischer Fürst wurde verpflichtet, in seinem Territorium den katholischen Cultus zu dulden; kein katholischer Fürst wurde verpflichtet, den protestantischen Cultus in seinem Lande zu dulden.

So waren von katholischer Seite die großen protestantischen Güter in Norddeutschland aufgeopfert. So waren von protestantischer Seite die Protestanten Böhmens und Oesterreichs aufgeopfert, für deren Cultusfreiheit der Kampf ursprünglich begonnen worden war. Die Religionsfreiheit der Fürsten wurde bestätigt, aber den Unterthanen blieb nur die Auswanderungsfreiheit, wenn sie sich der Confession des Fürsten nicht unterwerfen wollten. Hierauf beruhte die Vertreibung der 30,000 Protestanten aus Salzburg durch den Fürst-Erzbischof Firmian in den Jahren 1729—32.

So war denn das Reich im Großen ein paritätischer Staat, und die beiden Confessionen hielten sich ungefähr das Gleichgewicht. Der Katholicismus, welcher 90 Jahre früher nur noch ein Zehntel des deutschen Volkes umfaßte, hatte im Lauf von drei Menschenaltern sich wieder zum Besitz der Hälfte aufgeschwungen, und dabei ist es geblieben. Deutschland ist seit der Zeit so zu sagen eine gemischte Ehe im Großen, mit getheilter Kindererziehung. Und das, was jeder Vaterlandsfreund wünschen, anstreben und fördern muß, ist Verträglichkeit und gegenseitiges Vertrauen in dieser gemischten Ehe.

Maximilian also hatte seinen kirchlichen Zweck für Deutschland nicht erreicht, nur seinen Zweck für Bayern, nämlich die

12*

ausſchließliche Herrſchaft des Katholicismus in Oberbayern, Niederbayern und in der Oberpfalz, deren Vereinigung mit Bayern beſtätigt wurde.

2) Das zweite große Ergebniß des weſtphäliſchen Friedens war das Majeſtätsrecht oder die Souveränität der Reichsſtände. Sie dürfen Bündniſſe ſchließen, nur nicht gegen das Reich. Der Kaiſer iſt eigentlich nicht mehr Kaiſer und Lehensherr, ſondern nur noch Bundesoberhaupt, oder Präſident einer Republik von 300 ſouveränen Fürſten und Städten. Karl Ludwig, Friedrichs V. Sohn, wurde in der unteren Pfalz wiederhergeſtellt, und für den Verluſt der oberen Pfalz mit einer neugeſchaffenen, achten Kur= würde entſchädigt.

Maximilian hatte für die Fürſtenwürde, von der er hohe, hiſpaniſche Begriffe hatte, geſtritten, und dieſe Fürſtenwürde er= hielt nun ihre Beſtätigung. Die deutſchen Fürſten waren nicht mehr von oben durch den Kaiſer, und auch nicht mehr von unten durch die Stände beſchränkt, und dieſe Stellung der Fürſten war nach der einen Seite verderblich für die Einheit des Reiches, nach der anderen Seite verderblich für die Freiheit des Volkes. Im weſtphäliſchen Frieden geſchah nichts zur Sicherung der ſtän= diſchen Rechte; dieſe gingen unaufhaltſam zu Grunde. Wie nun die unumſchränkte Gewalt allezeit für ihren Inhaber höchſt gefährlich iſt, ſo wurde durch dieſe Stellung der Fürſten die Corruption der deutſchen Höfe gefördert, und dieſe Corruption erreichte, nachdem man ſich den franzöſiſchen Hof Ludwigs XIV. zum Muſter nahm, in dem traurigen 18. Jahrhundert ihren Gipfel.

3) Die ſchlimmſte Seite des weſtphäliſchen Friedens beſtand in dem Einfluß, welcher den fremden Mächten eingeräumt wurde. Die Ablöſung der alten Reichslande Schweiz und Niederlande vom Reiche wurde beſtätigt. Die Schweden bekamen feſten Fuß

im Reich, an den Mündungen der großen Ströme: sie behielten Vorpommern und die Insel Rügen, sie behielten die Bisthümer Bremen und Verden. Doch Schweden, das eine Stellung als Reichsstand bekam, war später nicht mehr zu fürchten. Es ist durch Gustav Adolfs tollkühnen Nachahmer Karl XII. von seiner Macht=stellung herabgesunken, und hat dadurch das Uebergewicht im Norden an das viel gefährlichere Rußland überlassen.

Die größte Schmach und Schande Deutschlands bestand in der Stellung, welche man Frankreich einräumte. Noch im Jahr 1630 wurde der deutsche Kaiser als das mächtigste Haupt in Europa angesehen. Aber 1648 sprachen die französischen Ge=sandten das große Wort, und zwar in deutschen Angelegenheiten. Cardinal Richelieu war todt, Ludwig XIV. war noch ein Knabe, aber Richelieu hatte den Grund zu jener Uebermacht Frankreichs gelegt, welche gegen Ende der Zeit Ludwigs XIV. unerträglich wurde. Die Franzosen bekamen nicht nur eine Anerkennung ihres Besitzes der drei lothringischen Bisthümer Metz, Toul und Verdun, sondern auch Elsaß und die Festung Philippsburg. Aber noch mehr werth als dieser Zuwachs durch abgerissene Stücke des Reichs, war für Frankreich die innere Auflösung des Reichskörpers, und die Gelegenheit, mit einzelnen deutschen Fürsten Bündnisse zu schließen, Zwietracht in der deutschen Na=tion auszusäen, die Würde des Kaiserthums und die Macht des Reichs fortwährend zu untergraben.

Maximilian überlebte den westphälischen Frieden noch drei Jahre. Er sah 1650 die letzten Schweden aus der Oberpfalz abziehen. Er war ein 77jähriger Greis, und er hatte ohne Ver=gleich mehr böse als gute Tage gesehen. Sein Lebensgang und seine Regierung war voll Mühe und Arbeit gewesen. Was man auch von seinen Bestrebungen für die Kirche und für die Fürsten=

würde denken mag, er hatte sich als ein starker Charakter be=
wiesen. Aus seinen Zügen spricht Ernst, Strenge und Festigkeit.
Von allen den Fürsten und Feldherren, die neben ihm und gegen
ihn seit Anfang des großen Kriegs gestanden, lebte nur noch der
einzige Johann Georg von Sachsen. — Er wollte noch einmal
vor seinem Scheiden Ingolstadt sehen, wo er die schönen Jahre
sorgenfreier Jugend erlebt hatte, die Veste, die nie in die Gewalt
seiner Feinde gefallen war, das Collegium, welches mit den Bil=
dern seiner Vorältern geschmückt war; dann erkrankte er an einer
Erkältung, sechs Tage später verschied er lebensmüde, den
27. September 1651.

Er ließ in der Leichenpredigt die Zuhörer um Verzeihung
bitten, falls er einen beleidigt, oder ihm Anstoß gegeben hätte.
Er befahl, bei dem Leichenbegängniß nicht viel Grandezza oder
Ceremonie zu machen, sondern die Spesa auf die Armen zu ver=
wenden. Er wurde in der Jesuitenkirche neben seinen Aeltern
und seiner ersten Gemahlin Elisabeth begraben.

Es ist nicht möglich ein so anschauliches Bild von seinem
Innern zu gewinnen, wie bei Gustav Adolf. Doch finden wir
bei dem Mangel an Memoiren und sonstigen ausführlichen Schil=
derungen einen kleinen Ersatz in jener Denkschrift, die er zur
Unterweisung seines Sohnes Ferdinand Maria hinterlassen:
Monita paterna [62]. Sie handeln in drei Abschnitten von den
Pflichten des künftigen Fürsten gegen Gott, gegen sich selbst und
gegen die Unterthanen. Es herrscht darin ein streng monarchischer
Geist; es ist nichts gesagt von einer Beschränkung der Fürsten=
rechte durch die Rechte der Unterthanen. Es wird vor den
Neuerungen in göttlichen Dingen gewarnt, denn sie führen zu
staatlichen Aenderungen, zu Verschwörung und Aufruhr. Es gilt
also, die Institutionen der Vorfahren zu beschützen — instituta

majorum tueri — dieß sei gottgefällig und dem Gemeinwohl heilsam. Aber mit diesem conservativen Grundsatz verbindet sich in der ganzen Denkschrift das lebendigste Bewußtsein der Verantwortlichkeit gegen Gott und der Verpflichtung des Fürsten zur Gerechtigkeit, zum Worthalten und zur Beschützung der Unterthanen. Er soll des Volkes Hirte und Vater sein, denn „er ist mehr um des Volkes willen da, als das Volk um seinetwillen.“ Von der Kriegskunst sagt er: „Lieber will ich, daß Du sie nur wissest, als daß Du sie auch ausübest. Wer den Krieg erwähnt, der erwähnt den Inbegriff aller Uebel. Zeugen davon sind die, welche den Krieg erlitten und seine schauerlichen Folgen mit Augen gesehen haben.“ „Nächst Gott sind es vier Grundlagen, auf denen die Herrschaft ruht: Die Heeresmacht, soweit sie nöthig; das Geld, so daß es hinreichend ist; die festen Plätze; aber die wichtigste ist die Liebe der Unterthanen.“

Maximilian ist von den Vorurtheilen seiner Zeit und seines Standes nicht frei gewesen, bei ihm findet sich die Ueberspannung des Autoritätsbegriffs in kirchlichen und politischen Dingen aufs stärkste ausgesprochen; ja der lange Kampf seines Lebens wurde für den Dienst dieser einseitigen Principien gekämpft — sie waren einseitig und erstarrt, seitdem sich die gesonderten Kirchenparteien feindlich gegenüberstanden. Die hieraus entspringende Härte ist weniger von dem Charakter des einzelnen Mannes, als aus der ganzen Lage der Dinge herzuleiten. Der Despotismus, wie ihn Maximilian vertrat, ist nicht mit jenem bösartigen und gottlosen Despotismus, der sich in Italien und Frankreich entwickelte, zu verwechseln. Es besteht ein gewaltiger Unterschied zwischen Macchiavelli's verwerflichem Buche vom Fürsten und Maximilians monita paterna, deren Grundton Ehrfurcht vor Gott und vor der Gerechtigkeit ist. Wenn ein Fürst von dem Pflichtgefühl wirklich durchdrungen ist, das der alternde Maximilian seinem noch unmündigen Sohne in diesem Vermächtniß einzuschärfen suchte, so wird das Volk eines solchen Fürsten auch bei einer sehr unvollkommenen Staatsverfassung nicht unglücklich sein. Maximilian handelte aus Pflichtgefühl; bei seiner Schroffheit gegen alles, was ihm als Neuerung erschien, war er doch ein gerechter, ein sein Volk liebender und ein ächt deutscher Fürst.

Anmerkungen.

Luther.

1) Luthers Jugendgeschichte ist hier nach Anleitung des gehaltvollen Werkes von Jürgens erzählt (Luthers Leben, L., 1846, I.—III., leider nur bis 1517). Dort sind auch die Belege für die Beschreibung von Wittenberg und Rom zu finden. — Was Luthers Herkunft betrifft, so ist die gewöhnliche Ansicht festgehalten. In neuester Zeit hat ein Lutheribe, Herr K. Luther, weit hievon abweichende Behauptungen vertreten (,,Geschichtliche Notizen über Martin Luthers Vorfahren. Wittenberg 1867''). Die Familie soll von Adel gewesen (von Lautera, Lauter, Luter) und durch den Hussitenkrieg verarmt sein. Fabian von Luther wurde 1413 durch Kaiser Sigismund in den Freiherrnstand erhoben und zum Pfalzgrafen ernannt. — Um Hans Luthers Auswanderung im Winter und die Noth der Familie zu erklären, wird die Sage als glaubwürdig angenommen, Hans habe im Zorn einen Bauer, der ihm im Grase hütete, erschlagen. Darauf hin mußte er fliehen. Ich finde diese Sage bereits im Jahre 1565 berücksichtigt: Pro Evangelistarum — maxime Lutheranismi peste reprimenda admonitio, Bonifacio Britanno authore. Paris 1565 p. 10: Igitur — so sagt dort der pseudonyme Verfasser ironisch — antequam nasceretur filius homicidae Morensis, non fuit Evangelium in Germania.

2) Luthers Vorsatz, in Rom eine Generalbeichte abzulegen, ist erwähnt bei Rebenstock, Colloquia Lutheri. II Francof. 1571, p. 14. b.

3) Aeneas Sylvius, Anfangs Anhänger, später Gegner des Concils von Basel, war Humanist, Poet in der Weise des Ovid, ein sittenloser

Mensch; später widerrief er, alt und erschöpft; er wurde Papst 1458, 53 Jahre alt, starb auf dem Kreuzzug gegen die Türken. Vgl. Ge. Voigt, Enea Silvio, als Papst Pius II. Berlin 1856. III. bes. I. S. 281. 438.

4) Ueber Aegidius von Viterbo vgl. Const. Höfler, Analecten zur Geschichte Deutschlands und Italiens.˙ Abhandlungen der historischen Classe der bayr. Academ. d. Wissensch. IV, 3. 1846. S. 37 ff. Er wurde Cardinal, sprach auf dem lateranensischen Concil von 1517 über die Nothwendigkeit einer Reform und sandte gegen Ende d. J. 1522 an den neuerwählten Papst Hadrian VI. ein gehaltvolles Promemoria über die Gebrechen der Kirche, welches Höfler a. a. O. S. 62—89 herausgegeben hat.

5) Es sind nur noch zehn Briefe Luthers an Staupitz vorhanden (31. März 1518 bis 17. Sept. 1523). Vgl. de Wette, Luthers Briefe. VI. 6. von Seidemann 1856. — Ein Augustiner Mönch, Stephanus Agricola in Salzburg, predigte lutherisch und wurde zur Rechenschaft gezogen. Staupitz beurtheilte seine Erklärung mild, doch wies er sie zurück und schloß mit den Worten: multa vere locutus est, sed ad aedificationem pauca, praedicans Evangelium contra Evangelium. Dieß war 1523, ein Jahr vor seinem Tode. Vgl. Corbin. Gärtner, Salzburgische gelehrte Unterhaltungen. 2. H. Salzb. 1812. S. 67.

6) Die Charakteristik der Humanisten in Italien und Deutschland ist oben in Einklang mit Vorreiter's Schrift „Luther im Kampfe gegen das Antichristenthum 1857" gegeben. Der früh verstorbene Verfasser zeichnete sich aus durch Ernst und Schärfe des Urtheils.

7) Als Luther 1537 schwer erkrankt von Schmalkalden abreisen mußte, rief er beim Abschied den dort versammelten Theologen zu: „Deus impleat vos odio papae!" „Gott erfülle euch mit Haß gegen den Papst!" Diese Aeußerung, und alle ähnlichen, können nicht blos dem Katholiken, sondern jedem christlich Gesinnten, der die Pflicht anerkennt, sich von Parteihaß frei zu halten, Anstoß geben. Doch erfordert es die Gerechtigkeit, nicht zu übersehen, daß bei Luther die Energie des Unwillens gegen den Papst mit seinem Eifer für die Sache Christi und mit seiner Liebe zu Christo in Causalzusammenhang stand. Eingedenk dessen, was er in Italien gesehen, hielt er dafür, daß das Papstthum die Hauptveranlassung für die Entstehung des Unglaubens und für die Zunahme des Abfalls vom Christenthum sei. Indem sich unwürdige Päpste als Stellvertreter Christi ausgaben und in einer Weise herrschten, die nicht nach dem Sinne Christi war, compromittierten sie vor den Augen der ganzen Welt Den, für dessen Repräsentanten sie sich

ausgaben. So kam es, daß Luther die unnachgiebige Bekämpfung und die gänzliche Beseitigung des Papstthums für nothwendig ansah zur Rettung der Ehre Christi und zur Erhaltung des wahren Christenthums.

Gustav Adolf und Maximilian.

1) Ueber das alte München siehe Nagler, topographische Geschichte von München 1863.

2) Geschichte des bayrischen Herzogs Wilhelm V., von Fr. A. W. Schreiber, München 1860. Zschokke, bayer. Geschichten III. 1821. S. 123 ff. Ueber Wilhelms Abdankung und Privatleben s. Schreiber a. a. O. S. 317 ff. Zschokke a. a. O. S. 170 ff. — Herzog Wilhelms Instruction für Peträus und Schlüderer, die Erzieher seiner Söhne, bei Schreiber a. a. O. S. 287 ff. — Sein Regentenspiegel für seinen Neffen Erzherzog Ferdinand (1595) bei Hurter, Ferdinand II. 3. B. S. 555—560.

3) Ueber Maximilians Aufenthalt in Ingolstadt s. C. M. v. Aretin, Gesch. Maximilian I. 1. B. 1842. S. 354 ff. 370 ff. Fr. Schreiber, Maximilian I. der Katholische. München 1865. S. 6 ff. Ueber Ferdinands Studien in Ingolstadt s. Aretin a. a. O. S. 372 ff. Hurter, Ferdinand II. 2. B. S. 131. 3. B. S. 201—251.

4) Ueber die Ausbreitung des Protestantismus in Süddeutschland um 1563 vgl. Ranke, die röm. Päpste. 2. B. 1856. S. 9. 12. 23.

5) Ueber die Bewilligung des Kelchs für die Laien in Bayern s. Aretin a. a. O. S. 80—122. Zschokke a. a. O. S. 110 ff.

6) Ueber Kaiser Maximilian II. vgl. K. A. Menzel, neuere Gesch. der Deutschen. V. 1833. S. 1 ff.

7) Ueber die Umgestaltung des Hofes und der Sitten in Rom s. Ranke a. a. O. I. B. S. 283 ff. S. 354 ff. Ueber Karl Borromäus, Cardinal-Erzbischof von Mailand, s. Ranke a. a. O. I. S. 367 ff.

8) Ueber Ignatius von Loyola und die ersten Jesuiten s. Ranke a. a. O. I. S. 217—234. Ueber die Sendung der ersten Jesuiten nach Deutschland s. Ranke a. a. O. II. S. 26 ff.

9) Maximilians Vermählung mit Elisabeth v. Lothringen s. Zschokke a. a. O. S. 167. 176.

10) Kaiser Maximilian II. Sinnsprüche bei K. A. Menzel a. a. O. S. 62. 63.

11) Ueber Kaiser Rudolf II. Gemüths- und Geisteskrankheit s. Gindely, Rudolf II. und seine Zeit. 2 B. 1863. 1865, bes. I. S. 44 ff. S. 329. II. S. 326. 335. Kepler's günstiges Urtheil über Rudolf II. bei K. A. Menzel a. a. O. V. S. 471. Ueber den Marchese Julio s. Gindely a. a. O. II. S. 338 ff.

12) Ueber den erzherzoglichen Hof in Graz vgl. Hurter, Ferdinand II. 1. u. 2. B., bes. II. S. 210 ff. „Karl und Maria und ihre Kinder". Ueber Ferdinands Reise nach Rom und Loretto s. Hurter a. a. O. 3. B. S. 315 ff. Ueber die Gegenreformation in Steiermark und Kärnthen s. Hurter a. a. O. 4. B. S. 1 ff. S. 218 ff. Ueber Kepler ebendas. S. 246 ff. und K. A. Menzel a. a. O. V. S. 118 ff. 327 ff. — Die Briefe der Erzherzogin Maria über ihre Reise nach Spanien bei Hurter V. S. 389—490.

13) Ueber Maximilians Verwaltung von 1598—1618 s. Zschokke a. a. O. S. 197 ff. Schreiber, Maximilian S. 22—104.

14) Ueber die Einnahme von Donauwörth vgl. Zschokke a. a. O. S. 197 ff. Schreiber, Maximilian S. 122—126.

15) Ranke a. a. O. II. S. 1—143 „Gegenreformationen; erster Zeitraum".

16) Ueber die Kämpfe der lutherischen Theologen nach Luthers Tod s. K. A. Menzel, Gesch. im 4. Bande. Ueber Gundermann und Crell vgl. Gretschel, Geschichte des sächsischen Volkes und Staates. II. B. 1847. S. 130—147.

17) Luther in der Auslegung des 101. Psalms: „Ich habe oft meinen Jammer gesehen, welche gar feine wohlgeschaffene an Leib und Seelen unter dem jungen Adel sind, wie die schönen jungen Bäumlein, und weil kein Gärtner da war, der sie zog und verwahret, sind sie von Säuen zerwühlet und in ihrem Saft verdorret. Es muß aber ein jedes Land seinen eigenen Teufel haben. Unser deutscher Teufel wird ein guter Weinschlauch sein und muß Sauf heißen, und habe ich Sorge, daß solch ewiger Durst Deutschlands Plage bleiben wird bis am jüngsten Tage." Vgl. Havemann, Gesch. der Lande Braunschweig und Lüneburg II. 1855. S. 500—502. Tholuck, das kirchliche Leben des siebzehnten Jahrhunderts I. 1861. S. 212. 228. 234.

18) Ueber Friedrich III. von der Pfalz vgl. Kluckhohn: Wie ist Friedrich III. Calvinist geworden? München 1866. S. 72 ff.

19) Ueber Christian II. Verlangen nach Aufnahme in die Liga vgl. Gretschel a. a. O. S. 162.

20) Ueber die „Fensterauswerfung zu Prag" vgl. Theatrum Europaeum (von Abelinus und Merian) I. Frankf. a. M. 1635. S. 18. K. A. Menzel a. a. O. VI. S. 185 ff.

21) Ueber Ferdinands Bedrängniß in Wien durch Graf Thurn vgl. K. A. Menzel a. a. O. VI. S. 296 ff.

22) Ueber die Festlichkeiten in der Pfalz nach Friedrichs V. Vermählung f. die ergötzlichen Berichte bei Häuſſer, Geschichte der Pfalz II. 1845. S. 262—276.

23) Aussage ihrer Enkelin Elisabeth Charlotte, in ihren Briefen, herausgegeben von Wolfg. Menzel S. 287. Vgl. Häuſſer a. a. O. S. 311.

24) Ueber Friedrichs V. böhmisches Königthum f. Häuſſer a. a. O. S. 306—333; über seine Mißgriffe in Prag vgl. K. A. Menzel a. a. O. VI. S. 367 ff.

25) Friedrichs V. französische Briefe an seine Gemahlin herausgegeben von Joh. Chr. v. Aretin, Beiträge zur Geschichte und Literatur VII. (München 1806) S. 140 ff. 260 ff.

26) Ueber die Auflösung der protestantischen Union f. K. A. Menzel a. a. O. VII. S. 24 ff.

27) Das Blutgericht in Prag ist in einer alten Flugschrift „Pragerische Execution" beschrieben; mehrere Ausgaben derselben sind auf der Münchener Staatsbibliothek. Vgl. auch Theatrum Europaeum I. S. 537 und Peschek, Gesch. der Gegenreformation in Böhmen I. 1844. S. 410 bis 479.

28) Ueber die grausame Gegenreformation in Böhmen und über die „Lichtensteinischen Seligmacher" f. Hurter a. a. O. X. S. 162 ff. 192 ff. Er meint, der Kaiser habe das nicht gewollt. Ueber den Abschied des Comenius von Böhmen f. K. A. Menzel a. a. O. VII. S. 106 ff.

29) Wallensteins drohende Stellung und das Verhalten der Fürsten gegen ihn und gegen den Kaiser im Jahre 1630 ist in der Hauptsache gewiß richtig dargestellt von Gfrörer, Gustav Adolf. 2. A. 1845. S. 638—682.

30) Ermoldus Nigellius in seinem Gedicht auf Ludwig den Frommen, 4. Buch am Anfang, hebt dieß hervor, daß der Kaiser, da er die Dänen und Nordmannen für Gott zu gewinnen suchte, die gemeinsame Herkunft und die alte Verwandtschaft im Auge hatte.

31) Obige Darstellung folgt meist den beiden trefflichen Werken: Geijer, Geschichte Schwedens 3. B. Hamburg 1836 und Gfrörer, Gustav Adolf, 2. Aufl. 1846.

32) Gustav Adolfs Verhalten gegen Rußland Gfrörer S. 89—93.

33) Jene katholischen Edelleute starben im eigentlichen Sinne als Märtyrer, man ließ ihnen die Wahl zwischen Abschwörung und Tod, und sie wählten den Tod. Gfrörer S. 158.

34) Die Briefe der kleinen Christina in den Mémoires pour servir à l' histoire de Christine reine de Suède, Amst. et L. 1751. 4. I. p. 2. Der Herausgeber war Arckenholtz.

35) Gustavs Kriegsartikel bei Geijer S. 106, Gfrörer S. 122.

36) Ueber die Nothwendigkeit für Schweden, sich am Kampfe gegen die kaiserliche Macht zu betheiligen, s. L. Häusser, Gesch. des Zeitalters der Reformation, herausg. von Oncken, Berlin 1868. S. 546.

37) Ueber die wirkliche oder angebliche Beleidigung des schwed. Gesandten in Lübeck s. Barthold, Gesch. des gr. deutschen Krieges I. 1842. S. 6 Anm.

38) Gustav Adolfs Unterredung mit Willmerstorf bei Freitag, Bilder aus der deutschen Vergangenheit III. 1867. S. 175 —180.

39) Papst Urban VIII. sah die Lage ähnlich an wie Maximilian; besorgt vor der Uebermacht Habsburgs, mißbilligte er die Verbindung Frankreichs mit den Schweden nicht, und war für Neutralität Bayerns; der Kampf sei kein Religionskrieg, er betreffe Staatsangelegenheiten. Ranke II. S. 556—562.

40) Der Bericht des Pfarrers Thodänus über den Fall Magdeburgs bei Gfrörer S. 809 ff.

41) Salvius über die Ursachen des Falles von Magdeburg, bei Geijer S. 183. 184. Die Ueberlieferung von Tilly's Grausamkeit beruht hauptsächlich auf den Angaben Ezechiel Spanheims in der anonymen Schrift: Le Soldat Suédois ou histoire de ce qui s'est passé en Allemagne depuis l'entrée du Roy de Suède etc. (Genève) 1633. S. 132—134, doch giebt auch er die Sache nur als Gerücht. Tilly's Bericht an Maximilian (bei Schreiber a. a. O. S. 509) sagt, „der Feind" habe, „daß die Stadt den Unsrigen nicht zu Gute komme, die Feuersbrunst mit Fleiß und ex malitia verursacht." Hiermit ist die schwere Anschuldigung gegen Gustav Adolf, als habe er für den Fall des Unterliegens die Verbrennung der Stadt angeordnet, nicht erwiesen.

42) B. Röse, Herzog Bernhard der Große. 2 Bde. Weimar 1829. Günstig urtheilt über Bernhards Charakter Ranke im 2. Th. der französ. Geschichte.

43) Die guten Seiten an Johann Georg werden hervorgehoben von Barthold a. a. O. I. S. 222 gegen Gfrörer's nachtheilige Schilderung S. 782 ff.

44) Ebenso urtheilten Herzog Bernhard („Oestreichs bester Bundes-genosse ist die Zeit"), und noch im Jahre 1650 Oxenstierna. Geijer, S. 209, 194. Heinr. v. Bülow's Urtheil bei K. A. Menzel VII. S. 317 ff.

45) Eine Abbildung Münchens und des Einzugs der Schweden im Theatrum Europaeum II. S. 645. Dort auch das Einzelne über den Aufenthalt Gustav Adolfs in München.

46) Ueber die Toleranzpredigt des Dr. Fabricius zu St. Anna in Augsburg am 14. April 1632 s. Geijer S. 210.

47) Ueber die aus München weggeführten Geiseln und ihr Schicksal G. v. Sutner, München im 30jährigen Krieg. München 1796. S. 40. Schreiber, Maximilian S. 564. 664. 665.

48) Gustav Adolfs Verhandlungen mit den Nürnberger Patriciern sind ans Licht gezogen worden von Breyer, Beiträge zur Geschichte des 30jähr. Krieges. München 1812. S. 207 ff.

49) Das Lager um Nürnberg abgebildet im Theatrum Europaeum II. S. 574

50) Die merkwürdige Aeußerung Wallensteins über Gustav Adolf ebendas. V. 575 a.

51) Gustav Adolfs Rede im Lager bei Nürnberg Theatrum Euro-paeum a. a. O. S. 573.

52) Lenbelfings Aussagen über Gustav Adolfs Tod bei Gfrörer S. 1013 ff. Hiemit stimmt die schöne Beschreibung im Theatrum Euro-paeum a. a. O.

53) Ueber Gustav Adolfs Bestattung, den Schwedenstein u. s. w. s. Geijer a. a. O. S. 238—240.

54) Urtheile der Katholiken über Gustav Adolf bei Hurter a. a. O. X. S. 591—594.

55) Gehaltvolle Bemerkungen über Wallensteins Verfahren und die Ursachen seines Sturzes finden sich bei von der Decken, Herzog Georg von Braunschweig-Lüneburg II. 1834. S. 205—210. Die stärksten Anschul-

bigungen gegen Wallenstein bringt Schreiber vor; schon 1629 habe sein Verrath begonnen: Maximilian S. 444. 486. 571 und öfter.

56) Ueber Johann von Werth und seine merkwürdigen Schicksale siehe Barthold a. a. O. I. S. 56 ff. und an vielen Stellen.

57) Ueber die Leiden Bayerns und der Nachbarlande von 1632—1634 s. Zschokke, Bayrische Geschichten III. S. 284—303. Ueber den Bauernaufstand in Oberbayern Schreiber, Maximilian S. 624 ff.

58) Ueber den Frieden zu Prag 1635 siehe Barthold a. a. O. I. S. 254 ff.

59) Ueber Richelieu's großen Angriff auf die habsburgische Macht siehe Joh. v. Müller, allgem. Gesch. XXI. K. 8. (III. B. 1828. S. 141 ff.)

60) Ueber Bayern während der letzten Jahre des Kriegs s. Zschokke a. a. O. III. S. 314—338. Barthold a. a. O. II. S. 552—618. Schreiber, Maximilian S. 799 ff.

61) Schilderungen des Elends, das der Krieg anrichtete, gesammelt bei K. F. Hanser, Deutschland nach dem 30jährigen Kriege. Leipz. 1862. S. 38 ff. K. A. Menzel a. a. O. VII. S. 446. VIII. S. 51—54.

62) Ueber Maximilians letzte Tage s. Zschokke a. a. O. S. 341—343. Schreiber, Maximilian S. 954 ff. Maximilians monita paterna ad Ferdinandum filium adhuc trimulum stehen in Abl zreiter, Boicae gentis annales III. p. 613—621. Der eigentliche Verfasser dieses trefflich geschriebenen Geschichtswerkes war der Jesuit Vervaur.

Druck von Otto Wigand in Leipzig.